元宇宙带来什么

商业前景与我们的未来世界

盘和林·林云帆·李碧妍　著

浙江大学出版社
·杭州·

图书在版编目（CIP）数据

元宇宙带来什么：商业前景与我们的未来世界 / 盘和林, 林云帆, 李碧妍著. -- 杭州：浙江大学出版社，2023.5

ISBN 978-7-308-23446-7

Ⅰ.①元… Ⅱ.①盘…②林…③李… Ⅲ.①信息经济—研究 Ⅳ.①F49

中国版本图书馆CIP数据核字（2022）第251984号

元宇宙带来什么：商业前景与我们的未来世界
盘和林　林云帆　李碧妍　著

策划编辑	蓝狮子文化创意股份有限公司
责任编辑	卢　川
责任校对	陈　欣
封面设计	袁　园
出版发行	浙江大学出版社
	（杭州天目山路148号　邮政编码：310007）
	（网址：http://www.zjupress.com）
排　　版	浙江时代出版服务有限公司
印　　刷	杭州钱江彩色印务有限公司
开　　本	880mm×1230mm　1/32
印　　张	7.625
字　　数	149千
版 印 次	2023年5月第1版　2023年5月第1次印刷
书　　号	ISBN 978-7-308-23446-7
定　　价	65.00元

版权所有　翻印必究　印装差错　负责调换
浙江大学出版社市场运营中心联系方式：（0571）88925591；http://zjdxcbs.tmall.com

推荐语

对于未来技术创新的路径，我们既要关注重大科学发现、技术发明、原理性主导技术等原始创新，也要关注技术再组合带来的融合性创新，融合性创新带来的社会、经济价值也非常巨大，比如智能手机所带来的产业变革。未来，技术大融合是一个趋势，我们应该关注AI、数字孪生、MR/VR、建模/渲染/仿真、自动驾驶、人工智能物联网（AIoT）等技术融合所带来的经济社会变化。《元宇宙带来什么》这本书从多层面思考元宇宙未来发展的可能性，特别是对未来社会六大技术的前瞻性思考，值得大家关注。这本书或许能够给你带来融合性创新的启发。

中国工程院院士　李立浧

本书抽丝剥茧，不局限于技术、产业层面，更是从文化发展层面来诠释元宇宙形成的必然性。相信读者能够从本书中找到元宇宙的发展脉络，也能从对元宇宙的描述中获得更多对未来人类社会发展的启发。只有少数人能够抓住未来，而此书对你成为这部分少数人大有裨益。

中国科学院大学教授、博士生导师　吕本富

数字经济的方向在哪里？元宇宙是否是数字经济必然的发展方向？相信看过此书的读者就会有答案。元宇宙不是一道选择题，而是一道必答题。作为人类社会的未来，早一日了解它，就能早一日将未来握在自己手中。

中国社会科学院社会学研究所经济与科技社会学研究室主任、

研究员　吕鹏

现阶段，元宇宙依然是各种要素的"大杂烩"，还没有找到最佳实践路径，需要积极探索，将生产要素有机地组织起来。本书尝试从思考元宇宙发展的未来，例如虚拟世界与现实世界的融合，数字技术融合等视角，为读者带来了新的启发。

中国信息通信研究院云计算与大数据研究所所长　何宝宏

产权是激励生产、创新的最佳方式。在元宇宙时代，区块链技术给予数字资产独一无二的属性，让数字资产具备交易的可能，这将极大地激发用户参与数字内容创作、创新的能动性，从而推动新一轮的、充满无限可能性的数字经济。

北京大学新闻与传播学院教授、博士生导师　胡泳

沉浸体验感是元宇宙一大重要特征，这种更加真实的元宇宙体验将依托终端的变革来实现。XR技术作为业界普遍认可的实现这一目标的技术之一，如果作为硬件终端得以普及，那么也将推动我国的电子制造业发展走向繁荣。

清华大学新闻学院教授、元宇宙文化实验室主任、
博士生导师　沈阳

很多写元宇宙的书籍都沉溺于币圈的"虚假繁荣"，乐此不疲地讲财富故事，而这本书则更多从现实层面去思考元宇宙未来发展的可能性，更加贴近真实。

浙江大学国际联合商学院院长、教授、博士生导师　贲圣林

从"生活在媒介中"到"媒介即生活"，元宇宙带来的真实虚拟世界，极大拓展了人们对未来内容生产和沉浸体验的想象力。如何在元宇宙时代创造内容？本书尝试给出前瞻性的回答，这些答案既可带给你机遇，也可带给你启示。

复旦大学新闻学院教授、博士生导师　张志安

Web3.0缔造人类社会新的连接方式，让人类社会联系更为紧密，继而改变人类社会的组织方式和分配方式，最终造就新的社会变革。这类社会变革最终会推动社会生产效率的提升，最终推动人类文明步入新的高度。本书是对Web3.0和元宇宙未来的描述，也是对人类社会未来的描述。

中山大学软件工程学院教授、副院长　郑子彬

从本质上说，元宇宙不是一个产品、一个场景，甚至也不是所有技术的集合体，元宇宙是一种数字革命以来发展起来的全部技术与社会现实融合发展的全新的文明形态——数字文明全新时代。本书从技术、产业，甚至更宏大的社会变革角度，来思考元宇宙的未来发展，给读者带来有价值的启发。

北京师范大学新闻传播学院学术委员会主任、教授　喻国明

元宇宙从何而来？其最终形态是怎样的？谁又将成为元宇宙的第一批"原住民"？元宇宙正从科幻小说和电影走进现实，它或许可以成为点燃下一场技术性变革的火种。打开本书，读者将展开一场令人兴奋的元宇宙之旅。

南京信息工程大学人工智能学院（未来技术学院）、元宇宙研究院院长、博士生导师　潘志庚

推荐语

元宇宙带来了什么？从产业上看，元宇宙带来全新入口级消费电子终端，比如VR、AR、MR。在新消费电子产品的产业链条上，将诞生大量新兴企业。从模式上看，元宇宙带来全新社会生产组织方式，比如去中心化自治组织（Decentralized Autonomous Organization，DAO）就是一种全新组织方式，元宇宙将以Web3.0理念重构人类社会，并进一步推动人类社会向新的阶段进发。

当前我国经济正处在转型期，高质量发展和中国式现代化都需要数字经济来提供经济增量，元宇宙是未来实现数字经济的重要方式，比如元宇宙通过用户参与来实现内容创新，这种方式调动了用户热情，也激发了用户创造力，这些创造力集聚起来，最终汇聚成为推动我国创新的一种重要力量。

京东集团首席经济学家　沈建光

元宇宙本身不是技术，而是一种理念，当元宇宙与5G、6G、人工智能、大数据这样的新技术融合，将产生出虚实结合的全新世界。元宇宙的发展关系到大众未来生活、工作的方方面面，也将创造出更多的产业形态和商业机遇。本书力图厘清与元宇宙相关的争议，并带领读者探索元宇宙未来的无限可能性。

国家发改委服务业专家咨询委员会副主任委员　来有为

新技术组合形成新经济，技术进化带来经济进化，最终带来生物进化，数字世界中的仿真生产空间、算力加速的虚拟科研时间，都会为人类文明可持续发展带来重大机遇，能否解决地球能源危机、人口危机、环境危机，将成为下一代数字技术的"试金石"。

商汤智能产业研究院创始院长，阿里云研究院创始院长　田丰

元宇宙是一种整合多种新一代信息技术而产生的新型虚实相融的互联网应用和社会形态，涉及众多行业和应用场景。赞同本书的观点：AI是元宇宙时代新生产力工具，未来元宇宙落地，应着力探索AI技术与元宇宙的链接点，拓展AI技术应用场景新领域。

云从科技联合创始人　温浩

前　言　元宇宙带来什么

元宇宙是什么？到今天为止，对其依然没有明确的定义。元宇宙，英文名 Metaverse，是 meta 和 universe 两个单词的融合词。其中 universe 是宇宙的意思，而 meta 作为前缀的概念很丰富，和元宇宙匹配的概念应该是"超越"。按此理解，元宇宙就是超越现实宇宙的新宇宙。

元宇宙像极了一个家喻户晓却永远不存在实体的词语——乌托邦。乌托邦和元宇宙都是人类可望而不可即的未来目标，甚至有人认为有关元宇宙的讨论就是乌托邦讨论的延续，他们认为元宇宙是"理想国"的"互联网版本"。如果元宇宙就是新版"理想国"，则说明两点：其一，元宇宙所描绘的未来是美好而理想化的；其二，元宇宙所描绘的未来可能永远无法实现。

永远无法实现的未来有意义吗？对于人类是有意义的。人类总是憧憬美好的未来，当人类中的大部分认同并憧憬同一个未来，并就这个未来目标达成共识，形成共同的"未来符号"，那么这个"未来共识"最终将升级为人类的共同信仰，这个"未来符号"最终将成为人类新信仰的图腾。

在乌托邦的故事里，共产主义是未来共识，理想国是未来符号。在乌托邦理想国的空想社会主义基础上，人类产生了共产主义信仰。共产主义信仰形成共识之后，很多人为这个信仰付出努力甚至献出生命。即便当前我们还是没有到达共产主义的理想国，我们依然在为实现共产主义目标而奋斗。

同样地，元宇宙的信仰是建立一个超越现实宇宙的全新宇宙，其终极目标是将互联网的主导权还给互联网用户，这也是 Web 3.0 的基本理念。Web 3.0 的理念是建设一个用户创造、用户所有、用户控制、协议分配的互联网社会。由生产者决定社会分配，由用户决定互联网社会的发展方向，这和乌托邦有异曲同工之妙。

很显然，元宇宙很难完全实现。但元宇宙的很多元素已经或者将要植入人类社会中，比如数字资产确权、数字孪生和用户主导的内容创作。当理想的车轮开始转动，每一个螺丝钉都将为实现目标而提供自己的力量，换句话说，如果没有办法阻止元宇宙时代的到来，那么请做好准备。对于个人是如此，对于人类整体，亦是如此。

目 录

第一章 现实才是唯一真实的东西 _001

起点：居家隔离中的小创意 _003

高潮：2021年的三个推进器 _008

推进器一：Roblox借元宇宙概念成功上市 _008
推进器二：演技派科技大佬——扎克伯格 _012
推进器三：虚拟货币和NFT炒作热潮的推动 _017

积木搭建的虚拟世界 _019

元宇宙浪潮下的机遇 _023

元宇宙机遇——平台应用 _026
元宇宙机遇——技术元素 _029
元宇宙机遇——内容创作 _031

第二章　游戏是一道有趣的选择题 _033

人人心中都住着玩家 _036

　　人生如戏：游戏开创人类文明 _036

　　防止沉迷：游戏建设物质世界 _039

　　游戏文明：游戏缔造产业繁荣 _044

将选择权归还给玩家 _048

漫长道路，从沙盒游戏到元宇宙 _053

　　以游戏性作为元宇宙突破口 _053

　　以道德法治规范元宇宙发展 _055

元宇宙是一系列有趣选择的结果 _059

第三章　用区块链再造一个人类文明 _063

九页纸中诞生万亿财富 _066

　　区块链的财富故事 _066

　　元宇宙的货币系统 _070

元宇宙的产权经济学 _073

　　NFT 技术往昔 _074

目 录

  NFT 技术和元宇宙 _078

  再造一个人类经济社会 _081

第四章 元宇宙带来终端革命 _087

  元宇宙时代的"王者"终端 _090

  克服眩晕，VR 破局 _093

  透镜难做，MR 突围 _097

    MR 的技术演进 _098

    探索 MR 眼镜的消费市场 _102

  元宇宙终端革命能否到来 _104

    突破瓶颈，再创辉煌 _105

    为什么是 XR _107

第五章 元宇宙住民的多元形态 _111

  元宇宙的开拓者——生物人 _114

    身份：人人都是千面佛 _114

UGC：元宇宙的螺丝钉 _118

元宇宙的领路人——虚拟人 _123

　　虚拟偶像——语音库 _123

　　虚拟偶像——3D化和AI _125

　　虚拟偶像到虚拟人 _127

元宇宙的永恒记忆——信息人 _129

智人和智能 _132

　　人工智能：创作 _133

　　人工智能：伦理 _134

第六章　元宇宙时代标志性元素 _137

元宇宙时代的"位面链接" _139

　　通信：现实宇宙和元宇宙的桥梁 _140

　　云计算：元宇宙的地基 _142

　　穿梭：子宇宙传送门 _143

从"数字孪生"到"数字创世" _145

新的"部落文明" _148

目 录

　　Z 世代的感情线 _149

　　文化部落：粉丝经济和盲盒经济 _151

　　元宇宙的"部落"时代 _153

从"宇宙中心"到"群星璀璨" _157

第七章　备战 or 拥抱，一个全新时代 _161

中国元宇宙现状 _164

　　元宇宙产业问题 _166

　　中国游戏产业 _168

　　中国区块链产业 _175

　　中国数据交易市场 _183

　　中国 UGC 产业 _190

　　中国 XR 产业 _193

　　中国元宇宙 _196

元宇宙中的传统产业 _199

　　农业元宇宙 _200

　　工业元宇宙 _201

　　商业元宇宙 _204

服务业元宇宙 _206

新兴产业的"星火燎原" _209

游戏引擎赛道 _210

芯片的"军备竞赛" _219

元宇宙在争论中突围 _222

元宇宙不安全吗？_223

人类能否预测未来？_226

元宇宙是"郁金香泡沫"吗？_229

第一章

现实才是唯一真实的东西

第一章　现实才是唯一真实的东西

"现实才是唯一真实的东西!"这句话来自斯皮尔伯格拍摄的影片《头号玩家》的片尾,也是全剧压轴的台词。元宇宙起源于人们对虚拟世界的一种期待:人类期待虚拟世界和现实世界连接起来,让虚拟世界具备真实体验,且能够为现实服务。

起点:居家隔离中的小创意

最早提出"Metaverse"这个词的是小说《雪崩》,这本书发行于1992年,作者是科幻小说家尼尔·斯蒂芬森(Neal Stephenson),当时翻译为"超元域"。《雪崩》属于"赛博朋克"[①]科幻小说类型,其展现的是一个破败不堪的未来世界。为了逃避现实,小说中的人

---

① 赛博朋克:英文 Cyberpunk,是"控制论、神经机械学"与"朋克"的结合词,是一种科幻小说故事背景的设定模式。采用该背景的小说往往会构建出一个建立于"低端生活与高等科技结合"的未来社会。

们通过一种虚拟实境技术进入元宇宙，来获取娱乐和交流，获得精神上的慰藉。小说中有一种虚拟实境头盔，通过头盔链接网络，可以将虚拟世界的画面投射到隐形眼镜上，从而让人类意识进入虚拟世界。

在《雪崩》之后，很多科幻作品都融合了元宇宙概念，知名影视剧诸如《黑客帝国》《异次元骇客》《失控玩家》《头号玩家》等，本质上都是和元宇宙相关的科幻题材。总结这些科幻作品，我们能发现两个共同点：其一，这类科幻作品中都在描绘一个虚拟世界，这个虚拟世界平行于现实世界；其二，这类科幻作品都是赛博朋克类型的小说，故事中充斥着作者对人类社会现状的各种隐喻和批判。

需要注重的一点常识是：科幻作品属于艺术范畴，即使聘请科技顾问，科幻作品的内核本质上依然是艺术性的，而非科学性的。所以我们不能把科幻中描述的"元宇宙"当作一种未来技术。在2020年以前，元宇宙这个词一直就是虚拟世界的一个代名词，仅此而已，也有人称之为异次元或者次元。如果你在2020年以前问一个人元宇宙的概念，他可能会说："这不就是虚拟网络的未来形态吗？"2020年以前元宇宙等同于网络虚拟世界，而在一众关于未来虚拟世界的科幻作品中，所有的科幻作者都不约而同地将虚拟世界和现实世界对立起来，科幻作品中的虚拟世界大多数只是人类逃避现实世界的"世外桃源"。在这些小说中，元宇宙没有为人类创造价值，而是让人类现实世界的破败状况更加严重。比如在《雪崩》中，现实世界被私人财团控制,变得一片狼藉。比如在《黑客帝国》中,人类成为一节节生物电池,沉浸在虚拟世界缔造的幸福假象中无法自拔。比如在《头号玩家》中,主人公所居住的是集装箱,社区环境破败不堪,人类沉迷于《绿洲》这款网络游戏无法自拔。

2020年以前,科学家不关注元宇宙,硅谷和华尔街不关注元宇宙,唯一关注元宇宙的科幻小说家,却只是将元宇宙作为一种隐喻和批判现实世界的工具。元宇宙的爆发源于那场起于2020年年初的新冠疫情,如果不是这场疫情,也许元宇宙只是浩如繁星的流行词汇中的一颗流星,划过天空却鲜有人关注它的存在。

疫情期间,长时间居家隔离使人们的消费需求发生了根本性变化:其一是居家期间的物质需求促使电商和物流配送平台蓬勃发展,这点很好理解,人总要吃饭,不能出门只能雇人把饭送上门;其二是居家期间的精神需求促使互联网娱乐、游戏产业蓬勃发展,当时很多游戏主机、个人电脑(PC)呈现脱销状态;其三是工作需求使得远程办公工具成为爆款,比如ZOOM这样的视频会议软件使用量激增。

在居家隔离期间,互联网成为解决大部分问题的平台,但不是所有问题都能通过现有的互联网应用来解决。一些强调线下体验的聚会、聚集活动无法进行。比如演唱会,虽然可以通过视频直播来进行一场线上演唱会,但往往缺乏现场气氛,空荡荡的演播厅,有限的镜头表达能力,让观众和歌手的交互体验大打折扣。

线上虽然可以进行办公和交流,但人们发现对比网络游戏比较优秀的在线体验,视频远程办公的体验却乏善可陈。那么,能不能将这两者融合起来,优势互补,用游戏的体验来弥补视频会议、视频演唱会体验上的不足?于是,游戏成为解决很多聚会、聚集问题的最好方式。

例如,在游戏中举办毕业典礼。2020年5月,美国加州大学伯克利分校将学校的毕业典礼放在了游戏《我的世界》(*Minecraft*)当中。学校在游戏中打造了一个大学校园,在毕业典礼上依然有校长演讲、扔帽、礼成等传统的毕业典礼环节,而学生在参加毕业典礼之余,还可以在游戏中游览虚拟打造的校园,能够和同学交流,获得与众不同的毕业体验。

又如,在游戏中举办技术会议。2020年7月,美国第一届ACAI科技大会在游戏《集合啦!动物森友会》中举办。在2020年,除了2月份的AAAI(国际先进人工智能协会)会议是在线下举行的,几乎所有的AI顶级会议都在线上举办,包括ICML(国际机器学习大会)、ICLR(国际表征学习大会)、CVPR(国际计算机视觉与模式识别会议)等,大都是采用视频会议的方式。而ACAI会议组织者别出心裁,尝试用《动物森友会》这个游戏来组织AI研讨会。参会者在会议开始之前飞到主办方游戏中的小岛上,主办方在游戏中设置了会议沙发、桌椅、壁炉,甚至还有一台虚拟咖啡机。会议围绕4大主题进行了17场演讲,每场演讲15分钟,有5分钟提问时间,还很贴心地在两个主题之间设置了70分钟的茶歇时间。但由于该游戏经营者任天堂设置了8人同时联机限制,所以与会者需要切换不同场景来匹配不同主题。

再如,在游戏中举办演唱会。2021年4月,美国说唱歌手特拉维斯·斯科特(Travis Scott)在游戏《堡垒之夜》中举办演唱会,吸引了2770万名观众参与。同年8月,美国流行歌手"A妹"爱莉安娜·格兰德(Ariana Grande)在游戏《堡垒之夜》中连续举办了5场演唱会,吸引了超过1000万观众参与。游戏中的演唱会并不只有歌曲,《堡垒之夜》的游戏开发商英佩游戏(Epic Games)为观众打造了梦境般的沉浸式体验,根据不同歌曲切换场景,蓝天白云、天梯、气球、星空等元素信手拈来。既在演唱会中融入了特效创意,也根据不同歌曲匹配不同场景,让观众在沉浸式体验中实现"深度共情"。

综上,2020年以前,元宇宙就是平行于现实世界的虚拟世界,换句话说,在科幻小说家眼中,元宇宙就是游戏,只是比普通游戏嵌入了更多的虚拟现实元素,元宇宙中的游戏世界比现实中的网游更真实。

而2020年,疫情让线上游戏、社交产业大火,长时间的居家隔离也逼迫线下活动谋求线上解决方案,最终,线上线下一拍即合。这些线上线下的合作,客观上打开了人们的思路,更多人开始关注游戏的现实功能。考虑到元宇宙是内嵌现实元素的虚拟世界,人们便自然而然地将"元宇宙"这个词拿了出来,作为一种"未来符号"

来表达一种趋势。这种趋势就是虚拟世界的线上和现实世界的线下逐步融合、互补。

而到了 2021 年，几个事件将元宇宙概念彻底点燃，华尔街、硅谷的巨头们蜂拥而至，不断推动元宇宙的发展。

高潮：2021 年的三个推进器

了解元宇宙，首先要做的是了解元宇宙崛起背后的商业逻辑，而非技术，元宇宙本身也不是技术概念。我们要搞清楚为什么一个 1992 年科幻小说里的概念，会在 2021 年突然如此火爆。

火箭突破地心引力至少要三个推进器，而 2021 年元宇宙的爆发也集齐了三个推进器。游戏和线下需求的融合只是小试牛刀，真正触发元宇宙热潮的是以下三个推进器。

推进器一：Roblox 借元宇宙概念成功上市

Roblox 公司是一家美国游戏平台公司，中文名叫罗布乐思。罗布乐思的产品是乐高风格的沙盒游戏，这是一款未成年人喜爱的搭积木游戏。根据罗布乐思的公开信息，截至 2020 年 9 月，Roblox 用户日活 3106 万，其中 12 岁以下的小学生约为 1677 万，占总数的 54%。另外 13～16 岁的青少年占 13%。很多家长相信这种积木游戏能提高孩子智力，从而对孩子参与罗布乐思游戏限制较少，于是儿童玩家奠定了罗布乐思发展的基础。作为一款积木式的游戏，玩家可以在罗布乐思中通过添加各种模块来搭建属于自己的娱乐、社交空间。通过搭积木的方式，玩家可以将自己的空间设置成各种模式，比如一个会议室、一款小游戏、一个派对场所。如果玩家做出了一款小游戏，并获得了其他玩家青睐，那么这款游戏可以通过游戏销售和游戏内购的方式让游戏缔造者获得收益。玩家可以通过销售游戏获得罗币，而当罗币超过一定量，玩家就可以将罗币换成真正的美元。换个角度，罗布乐思可以看作是游戏领域的自媒体平台，罗布乐思的玩家同时也是罗布乐思平台上游戏的创造者。罗布乐思创作游戏的门槛很低，低到孩子都可以完成，而游戏平台内的交易系统能够让玩家在平台上获取收益，从而激发玩家的创作热情。

正因为罗布乐思存在交易系统，很多孩子在罗布乐思上赚到了钱。一个 9 岁的小学生 Balfanz 在罗布乐思上制作了一款叫《越狱》的游戏，一年赚了 300 万美元；另一个美国小学生 Anne Shoemaker 依靠两款宠物类游戏赚了 50 多万美元，并开了游戏工作室，专门针对罗布乐思平台开发游戏。当然，在游戏平台赚到钱的成功玩家必然是少数,"幸存者偏差"①让很多人只见树木不见森林,将注意力全部放在那些成功者身上,成功者的财富故事也自然而然地帮助罗布乐思吸引了更多用户。

值得注意的是,罗布乐思不是一家新企业,而是一家 2004 年成立的老企业。而所有老企业发展到一定阶段,都会面临一个问题:上市。罗布乐思选择了当下美国互联网初创公司比较热门的上市方式——互联网直接公开发行(Direct Public Offering,DPO)。在 DPO 的上市模式下,互联网企业上市不用经过承销商承销,可以直接将股东的股票挂上交易所交易。这种方式优势明显,承销费用低,上市门槛低,受众广,信息交流便捷,非常受互联网初创企业欢迎。但 DPO 上市也有个问题,就是投资人可能不愿意买卖小公司股票,乏人问津的互联网公司会导致融资失败。

罗布乐思也在谋求 DPO 上市,但 DPO 的上市方式需要炒高热度,提高市值,否则会导致融资失败。而罗布乐思自身尚未实现盈利。根据财报,罗布乐思 2020 财年营收 9.24 亿美元,2021 财年营收 19.19 亿美元;2020 年净亏损 2.53 亿美元,2021 年净亏损 4.91 亿美元;2020 年向开发者分成 2.5 亿美元,2021 年向开发者分成 5.38 亿美元。可以看出,罗布乐思依然在市场培育阶段,未来罗布乐思还要进一步提高开发者的分成比例,以此来吸引更多用户参与进来,

---

① 幸存者偏差:指的是当取得资讯的渠道仅来自幸存者时,此资讯可能会与实际情况存在偏差。

第一章 现实才是唯一真实的东西

而这种经营方式也意味着未来罗布乐思的亏损会进一步扩大，所以对于罗布乐思来说，以业绩来说服华尔街投资人显然不可行。

罗布乐思如何破局？华尔街有个万试万灵的法宝：讲故事。华尔街投资人最喜欢听故事，SpaceX"移民火星"的故事让华尔街的投资人听得津津有味。罗布乐思为何不讲个宏伟命题的新故事？于是罗布乐思就在招股说明书里面称自己的业务模式是"元宇宙"。该策略十分成功，2021年3月10日，罗布乐思上市估值就达到了400亿美元，相较其2020年9.24亿美元的营收，华尔街投资人给了一个慷慨到离谱的估值。

但事实上，罗布乐思和想象中的元宇宙还是有一定距离的，可以称其为"丐版元宇宙"。为了降低用户参与游戏制作的门槛，提高运行速度，罗布乐思弱化了游戏画质。罗布乐思的 CEO 提出了元宇宙的八大基本特征：身份、朋友、沉浸感、低延迟、多元化、随地、经济系统和文明。但实际上罗布乐思还远远谈不上沉浸感。即便如此，罗布乐思的这轮招股在元宇宙领域还是很有意义的，400亿美元的估值表明了华尔街的态度，华尔街投资人也希望罗布乐思的抛砖引玉能引来更有新意的概念。罗布乐思就是那块"砖"，而另一块玉则呼之欲出，那就是扎克伯格。

推进器二：演技派科技大佬——扎克伯格

2021年10月28日，脸书（Facebook）首席执行官马克·扎克伯格宣布，Facebook将更名为"Meta"，并决定更名后将全面布局元宇宙。为了增强推广效果，扎克伯格亲自上阵拍视频，为大众解说什么是元宇宙，以及表明Meta对元宇宙发展的看法。在市值规模上Meta和罗布乐思完全不是一个量级，2021年10月，Meta的市值曾一度超过8500亿美元。作为全球性的互联网社交巨头，Meta的一番操作迅速推高了元宇宙的市场关注度。如果说罗布乐思的招股书在华尔街投行中普及了元宇宙，那么Facebook的改名则在大众认知中植入了元宇宙。

那么，Meta为什么要进军元宇宙呢？实际上一半是因为看到商机，另一半也是因为Meta有自己的无奈。

Meta从罗布乐思身上看到了商机，与此同时，Meta也的确具备一些发展元宇宙的客观条件。比如：

Meta拥有庞大的用户流量。互联网领域流量为王，元宇宙的发展普及是需要人来参与和推动的，Meta有Facebook、照片墙（Instagram）、WhatsApp等重磅社交应用，光Facebook一款应用就有接近30亿用户，这意味着Meta拥有最好的元宇宙推广渠道。

Meta拥有和元宇宙相关的业务经验。其一是VR头部显示设备（简称头显）。2014年，Meta收购了VR头显领域的头部企业Oculus，从而拥有这家企业旗下的 Oculus Quest 头部显示设备。在与元宇宙相关的影视科幻题材中，VR 头显是常客，元宇宙在《雪崩》中的技术名称就叫"虚拟实境"，所以人们普遍认为 VR 应该是元宇宙的核心设备。其二是稳定虚拟币。2019 年 6 月 18 日，Meta 发布了 Libra 项目白皮书，试图打造一款虚拟稳定货币，这款稳定货币和一篮子现实货币挂钩，所以相比于其他虚拟加密货币稳定性更高。不过，Meta 在虚拟稳定货币方面的探索并不顺利，尤其是项目还未铺开就遭遇美国政府的极力反对，因为虚拟稳定货币对美元形成了挑战，Meta 的两个虚拟货币项目 Diem（原 Libra）和 Novi（原 Calibra）都被迫关停，但这些项目的确为 Meta 建设元宇宙经济系统积累了经验。

但 Meta 推出元宇宙也是出于无奈，近年来 Meta 用户增长乏力的问题不断显现。比如：

Meta 在社交领域的地位正在下滑。2021 年 12 月 17 日，追踪互联网流量的云基础设施公司 Cloudflare 通过统计发布的 2021 年《互联网年度影响力报告》显示，抖音海外版 TikTok 代替谷歌夺得榜首，而 Facebook 跌到第三名。Meta 也许并不介意谷歌霸榜，因为 Meta 和谷歌业务交叉较少。而 TikTok 和 Facebook 同属社交领域，存在业务交叉，尤其是在用户注意力和时间争夺上，双方是此消彼长的关系。面对社交领域新生力量的崛起，Meta 倍感压力。Meta 用户红利也逐步见顶。截至 2021 年 9 月 30 日，Facebook 月度活跃用户（MAU）为 29.1 亿，同比增长仅为 6%，用户增长进入瓶颈期。

综上，Meta 进入元宇宙是想要在业务上取长补短。一方面利用元宇宙发挥自己的长处，用庞大的用户流量来带动 VR 头显产品的销量，结合区块链来完善 VR 的游戏世界，让 VR 成为下个时代的爆款终端产品。另一方面利用元宇宙弥补自己的短处，以元宇宙的经济系统激活用户的创作热情，改变固有的线上社交模式，以此重获市场增量，重回用户增长轨道。于是，Meta 全面进入元宇宙领域。

为发展元宇宙，Meta 推出了 VR 头显社交应用平台 Horizon Worlds，配套自家头显产品 Oculus Quest，想要以此建立一个全新的用户社交应用，并将其称为元宇宙。Horizon Worlds 平台和罗布乐思很像，其也是采用用户参与的模式，用户打造属于自己的私人虚拟空间，可以在自己的虚拟空间中开展社交和提供游戏服务。VR 游戏其实也并不是 Meta 的首创，在 Horizon Worlds 之前，*Rec Room* 和 *VRChat* 这些 VR 游戏已经捷足先登。但在传统 VR 游戏中，玩家主要通过 PC 端或者移动端来登录游戏，VR 头显只是这些游戏的保留功能，因为相比于 VR 头显，PC 和智能手机的普及度要高很多。但 Horizon Worlds 在设计之初坚持匹配头显 Oculus Quest。

Meta 错过了移动互联网时代的科技红利，因而对 Horizon Worlds 平台有很高的期待，同时借鉴了苹果公司的做法。苹果公司无疑是移动互联网时代的佼佼者，其成功基于一种封闭生态。苹果操作系统 iOS、苹果应用商城 App Store、苹果手机 iPhone 等构成了一个完美的闭环生态。iPhone 用户在更换新机的时候往往只能选择

iPhone，因为用户在 App Store 中购买的应用，只能在 iOS 系统的产品中使用，产品转换成本太高。而 Meta 的想法，是将头显 Quest 对标苹果的 iPhone，将 Horizon Worlds 对标苹果的系统 iOS。如果 Meta 成功，那么就有可能推动 VR 头显实现对智能手机的全面替代。移动互联网时代可能转向 VR 互联网时代。综上可以看出，在 Meta 的语境中，元宇宙时代其实等同于 VR 互联网时代。

元宇宙承载着 Meta 的期待，于是，扎克伯格带领 Meta 一头扎进了元宇宙时代。一石激起千层浪，Meta 的行为引起了竞争对手的警觉。

在 Meta 宣布进入元宇宙之后，微软也迅速介入进来，因为微软发现 Meta 有的自己都有。

微软有硬件，在 AR 头显上面有很深入的布局，比如微软子公司 HoloLens 的 AR 头显。

微软有软件，微软旗下游戏《我的世界》具备多种元宇宙元素。《我的世界》是一款开放式的沙盒游戏，玩家也可以在游戏中构造建筑。2020 年疫情期间，《我的世界》也的确解决了很多现实问题，比如毕业典礼、聚会、派对、商品展示等都可以在《我的世界》上举办。

微软有 Microsoft Mesh 的混合现实协作平台。早在 2015 年 6 月，微软就尝试将 AR 融入《我的世界》，并在 E3 电子娱乐展上进行了现场演示。

所以，微软也认为自己就是元宇宙，只是在 Meta 改名之前，自己没有找到合适的词汇来概括自己一揽子的业务。于是微软在 Meta 之后迅速推出了 Mesh for Teams，通过 AR 头显方案来实现办公协同。而在 2022 年，微软进一步将自己在数字孪生方面的业务升级为工业元宇宙。

除了 Meta 和微软，其他互联网巨头也纷纷加入进来。

比如游戏《堡垒之夜》的开发商 Epic Games。除了在游戏里面搞演唱会，Epic Games 的最大优势在于其拥有虚幻游戏开发引擎（Unreal Engine），前文所描述的元宇宙多数都是游戏形态，所以游戏开发引擎对于元宇宙的发展至关重要。

比如英伟达（NVIDIA）推出了数字孪生和数字协作创作平台 Omniverse；腾讯提出了全真互联网的概念；而百度则推出了一款元宇宙的应用《希壤》。

不过，有一点值得注意。巨头介入元宇宙基本上都是从自身已有的业务出发，比如 Meta 的元宇宙主题是社交和 VR，因为 Meta 本来就有这些业务；微软推出办公协同、工业协同元宇宙，因为微软有办公软件和数字孪生的业务；Epic Games 的元宇宙是将游戏开发引擎和游戏结合起来。每个巨头眼中的元宇宙的内核并不相同，而每个巨头眼中的元宇宙，都是以自家业务发展为核心，试图以自己的定义来主导元宇宙的未来形态。

推进器三：虚拟货币和 NFT 炒作热潮的推动

在元宇宙概念流行之前，区块链技术已经火了十年。区块链技术最具代表性的应用在于金融领域，一个是虚拟加密货币，另一个是 NFT（Non Fungible Token，非同质化代币），前者是去中心化的交易货币，后者是数字资产的确权方式。元宇宙迅速和区块链结合到一起，有人坚信，区块链将是元宇宙的核心，因为：

其一，元宇宙要保持中立性就必须和区块链结合。元宇宙缘起于科幻小说家的"焦虑"，科幻小说家担忧"赛博朋克"，担心元宇宙被资本或者人工智能控制。想要避免控制，元宇宙就需要结合一项去中心化的技术，以技术信用的方式在人与人之间建立互信。区块链正好满足了这些要求。

其二，元宇宙要激励用户创作，就需要有经济系统。元宇宙的内容填充过程是开放的，采用用户自建的模式来实现。自建不能仅仅靠玩家的兴趣，也要以经济激励来作为驱动力。区块链下虚拟货币和 NFT 组合，可以打造一套完善的经济系统，以此来激励元宇宙用户创作内容，而这些内容会让元宇宙的体验更加丰富多彩。

其三，市场带来流量。2021 年比特币最高突破 6 万美元 / 枚，NFT 的艺术品、藏品交易中爆款不断。元宇宙是互联网发展的未来，而互联网遵循流量原则，2021 年投资人对虚拟货币和 NFT 的追捧，为元宇宙带来了更大的流量。

综上，区块链迅速和元宇宙深度绑定，发生了一些"化学反应"。虚拟地产就是其中的典型，比如分布式大陆（Decentraland）虚拟地产平台。Decentraland虽然被称为虚拟地产平台，但本质上还是一款游戏。虚拟地产平台在诸多方面和罗布乐思、《我的世界》并无二致，但增加了唯一性的特色。在沙盒游戏中，每个人都有一个私人空间，每个人都可以设计自己的空间，游戏公司有100万个用户，就可以提供100万个空间。但理论上这个私人空间是可以无限增加的，只要游戏平台规则允许，一个人甚至可以建多个空间，因为本质上空间就是一段代码，是可以无限缔造的。而虚拟地产平台通过NFT技术给每个虚拟空间独一无二的权属标记，提供的虚拟空间数量也是有限的，且地块数量不能人为增加，具备唯一性、不可复制性等特点。于是，在区块链技术的加持下，这些虚拟空间成为可以买卖的虚拟地产，并且总量有限。

虚拟地产价格高涨的现象的确让元宇宙热潮进一步升温，虚拟加密货币和NFT成为元宇宙概念普及的推进器。虚拟地产之所以有如此强大的推力，是因为对普通人来说，他们未必能够听懂科幻故事，也未必有兴趣去听，但一旦说起财富故事，听众便立马"不困了"。而NFT打造的稀缺性，给用户提供了很好的价格炒作空间。所以，总体来说元宇宙的短期火爆的确利用了虚拟加密货币和NFT的泡沫热潮。

在此，需要额外对读者强调一点：从2022年年中这个节点看，美联储加息正在推进，虚拟货币的价格泡沫在逐渐消除，而投机者对每一种 NFT 数字资产的概念炒作热情往往只能持续数个月，很多数字藏品沦为击鼓传花的工具。可以看出，利用数字资产泡沫吸引流量并非元宇宙发展的长久之计。不过，虚拟货币可能有泡沫，但区块链技术却没有泡沫，元宇宙和区块链技术的结合还是有意义的，这点在后面章节我们会展开讲。

元宇宙缘起于科幻作品，兴盛于新冠疫情，叠加罗布乐思上市、脸书改名、数字资产泡沫热潮这三个事件的助力推进，最终成为 2021 年科技界、资本界关注的宠儿。学界、政府、投资人都对元宇宙十分热衷，但很遗憾，大多数参与其中的人并不清楚什么才是元宇宙，大多数人对元宇宙的技术实质和商业实质并没有清晰的认识。为了让元宇宙的轮廓更加清晰，我们依然要来解析元宇宙的定义。

积木搭建的虚拟世界

在《雪崩》作者尼尔·斯蒂芬森眼中，元宇宙是他想象中的虚拟实境。在罗布乐思的招股说明书中，元宇宙是华尔街流传的财富故事。在 Meta 的元宇宙短片中，元宇宙是互联网社交领域的未来形态。在"币圈"投资人眼中，元宇宙是新互联网淘金地，是数字资产产权实践的试验场。所有人都想要定义元宇宙，想要元宇宙未来按照自己的剧本发展。谁的定义被大众认可而形成共识，谁就能获得元宇宙时代的先发优势，继而能将有利于自身业务发展的元宇宙形态植入用户认知当中。

谁先描述未来，谁先定义未来，谁就拥有未来。正是因为定义混杂，元宇宙才会被很多人钻了空子，资本市场元宇宙概念股出现了"一蹭就涨，鱼龙混杂"的混乱局面。这种混乱造成了很大的负面影响，公众对元宇宙的看法两极分化，"盲目叫好"和"一味看衰"两种截然相反的态度针锋相对。

所以，我们应该对元宇宙有一个比较客观的定义。明确定义有两个好处：其一是划定边界，其二是描述特征。定义可以去伪存真，剔除"伪元宇宙概念"对元宇宙行业的干扰。

从元宇宙边界来看，元宇宙是平行于现实世界的虚拟世界。当前比较火爆的剧本杀就不属于元宇宙，因为剧本杀并非虚拟世界的产物，而是对剧情小说的一种模拟。有人会争辩说，剧本杀可以用VR和手势追踪控制器获得身临其境的沉浸感觉，这似乎很有道理，但这种方式不叫剧本杀，应该称之为剧本杀题材的VR/AR游戏，网络游戏中的"副本"剧情可比线下剧本杀出现得更早。

从元宇宙特征来看，笔者认为可以用一个词来描述元宇宙的生成模式：搭积木。它的特征包含多个层面。

第一层：元宇宙是虚拟世界的用户搭积木，以用户生产内容

（User Generated Content，UGC）的方式组织建设。元宇宙当下的内涵很丰富，似乎无所不包，拥有海量的虚拟世界元素。那么谁来建造元宇宙，谁来提供海量的元宇宙元素？是用户。用户以搭积木的方式参与进来，从一个简单、开放式的元宇宙编辑器开始，以人类无尽的创意建造一个庞大的虚拟世界。

第二层：元宇宙是数字技术搭积木形成的虚拟世界。区块链技术、人工智能、网络游戏、用户参与内容创作、VR/AR/MR 技术、5G 等，都按需纳入元宇宙当中。元宇宙的确不是单一技术上的突破，是对过往技术趋势的整合。未来元宇宙还将继续纳入新的数字技术。当然，读者要注意一点：数字技术搭积木组成了元宇宙，但不代表从事数字技术的企业就属于元宇宙。属于元宇宙的企业应该能打造一个完整的元宇宙世界。面向元宇宙开发数字技术的企业，我们只能说它们拥有某些元宇宙的技术元素，而非真正的元宇宙企业。

第三层：元宇宙是多个元宇宙"积木式"整合的最终成果。Meta 主推社交元宇宙，微软主推办公元宇宙和工业元宇宙，罗布乐思主推游戏元宇宙。元宇宙的类别很多，呈现多元特征。但大大小小的元宇宙最终会逐步整合，如搭积木一样构建形成综合元宇宙。这一方面是因为元宇宙之间的互联互通能够带来更多元的感受。例如，社交元宇宙中需要虚拟社交道具，用户在游戏引擎元宇宙中制作社交道具，然后在社交元宇宙中使用或者出售道具。另一方面也是因为各个元宇宙之间存在竞争，大型元宇宙平台为了丰富自己元宇宙的功能，会通过兼并、联合的方式，将其他元宇宙平台融入自己的元宇宙生态当中。

第四层：元宇宙将现实世界片段逐个映射到虚拟世界当中，并以搭积木的方式形成元宇宙中的沉浸式体验。在元宇宙形成过程中，我们先将现实世界切片，再将现实世界的各种片段通过数字孪生技术投射到虚拟世界当中，最后将这些现实世界投射的片段以搭积木的方式在元宇宙中构筑现实世界的仿真世界，使元宇宙中的沉浸式体验替代现实世界的线下体验，最终构建元宇宙影响现实世界的能力。

综上，元宇宙的各个环节都是搭积木的过程。玩家以内容搭积木，数字技术以技术搭积木，元宇宙平台以兼并搭积木，现实世界以虚拟片段映射搭积木。为什么元宇宙会以搭积木的方式发展？是因为元宇宙属于 Web 3.0 网络架构下的产物。Web 3.0 的核心思想是将互联网的所有权还给参与生态、使用平台的用户，而不是控制互联网和互联网协议的少数人。在元宇宙中，人类更加强调协作、共享，普通人成为建造元宇宙的主力军，元宇宙形成的各个元素、模块，都是由普通人设计、制作，然后添加到元宇宙当中，用户用一块块积木来搭建元宇宙。

换个角度，人类文明本就是建立在"积木"的基础之上，市场经济驱动每个人类个体制造、创造物质和精神成果，人类文明社会就由这些"积木"组成。人类文明社会的形成若是一种必然，那么元宇宙以用户搭积木方式形成也将是一种必然，也可以说，元宇宙的形成本身就是人类文明社会发展模式的延伸。

了解了元宇宙的边界和特征后再来回答元宇宙是什么。笔者认为，元宇宙是平行于现实世界的虚拟世界，普通人以创造力将现实世界和自身想象创意映射到虚拟世界当中，并以搭积木的方式将这些映射的内容整合起来，最终打造出一个超越现实体验的沉浸式数字生活空间。

元宇宙本身就是人类文明发展的延续，所以元宇宙的到来存在必然性。元宇宙的内涵又通过用户创作而不断增加，所以元宇宙未来的呈现形态是不确定的。既然元宇宙的到来是必然的，那么我们应该顺应这个必然的趋势，抓住元宇宙发展的机遇。元宇宙实现的路径很长，但人类的生命很短，我们应该以有限的生命抓住趋势的脉络，把握住元宇宙机遇。

元宇宙浪潮下的机遇

当下的元宇宙正在萌芽期，人类距离科幻小说家描述的元宇宙形态还有很长距离。好在人类社会的科技发展是一个加速的过程。尤其是最近500年，先是文艺复兴加快了人类认知水平和科学理念的更迭，然后两次工业革命的爆发大幅度提升了人类的生产效率，仅用两个世纪人类社会就发生了质的转变，人类社会的物质文明迅速由短缺转向过剩。进入互联网时代后，互联网以开放共享的方式进一步拔高人类的认知水平，以网络链接的方式拉近人与人、人与信息之间的距离，人类社会的精神文明从文化产品匮乏转向信息、知识过载。互联网时代我们能够从互联网习得任何一种知识、技能，人类纠结的不再是自身的懵懂无知，而是面对海量的信息和知识的手足无措，信息过载带来的问题代替了信息不足。

在加速的科技发展浪潮中，人类社会中抓住机遇的人步入社会食物链顶端。诸如第二次工业革命中的代表性人物爱迪生、福特、洛克菲勒等，他们共同的特征，就是站在工业革命的潮头抓住了科技发展的机遇。而互联网时代同样有乔布斯、比尔·盖茨、贝索斯、马斯克、扎克伯格这样的弄潮儿。站在潮头，抓住机遇，是产生改变的重要方式。科技不但给我们带来了便利，也给人类社会带来了一些流动性。

对于大部分人来说，元宇宙的机遇也并非遥不可及。在任何时代都存在"二八效应"，2%的人掌握着全球90%以上的财富；而18%跟上科技浪潮的人，喝到了"汤"，实现了阶层跃迁；剩下80%的人只能被动接受科技的发展，这80%的人往往也是"赛博朋克"科幻片的主角。而元宇宙时代喊出的口号，是将使用互联网的权利还给用户，由用户缔造内容，管理元宇宙，协议主导利益分配，而不是企业主。在元宇宙时代，20%的财富顶层结构将发生巨大的变化，传统的财富巨头将倒在元宇宙时代的滚滚车轮之下，而80%的财富底层人类的收入下限将大幅度提高。在元宇宙时代，现实工作和兴趣高度结合，创意替代重复劳动成为工作的主要内容。在元宇宙时代，用户成为元宇宙的主导者，每个个体都会在元宇宙中迎来自己的高光时刻，找到适合自己的价值定位。

元宇宙时代的机遇有哪些？笔者认为，2%的人将延续他们的成功故事，他们是开发元宇宙应用的平台公司，在元宇宙时代依然具有很强的影响力。18%的人将通过技术能力来变现，创造技术工具的人将会是元宇宙时代的意见领袖，他们并不能主导元宇宙的发展方向，但是在各个细分领域，他们有很强的话语权。剩下80%的人将逐步成为元宇宙的"原住民"，也是元宇宙真正的建设者，和现实世界一样，他们在元宇宙中付出劳动，获得收益，但和现实世界不同的是，追求体验感的元宇宙让劳动更像是一种需求。

我们在网络游戏中会主动完成枯燥的任务，哪怕任务是重复地挖矿、采集，玩家也乐此不疲，而在现实世界，重复的工作却会让我们觉得枯燥、乏味。是什么限制了大多数人创造财富的热情？是体验！猫狗随行，着拖鞋、T恤、短裤的互联网大厂程序员，着西服、领带、做PPT的都市白领，挥汗如雨的土建钢筋工，烈日下清扫马路、穿橘衫的清洁工……他们都从事劳动，但却有着完全不同的工作体验。而在元宇宙的虚拟世界中，通过数字孪生和智能化工作机械，劳动将可以通过元宇宙远程居家完成。在元宇宙中，程序员、高管、清洁工等职业只是分工不同。

元宇宙时代的机遇分为三个层面：平台企业的应用层面，技术企业和技术人员的技术层面，普通用户以内容创作为主的参与层面。

元宇宙机遇——平台应用

元宇宙的早期，平台依然占据元宇宙的主导权。无论是罗布乐思、Meta、微软，还是以太坊、Decentraland 等，企业依然是以平台的方式运营，对外输出元宇宙应用。比如：

第一，办公元宇宙。Mesh for Teams 就是典型的办公元宇宙工具。办公元宇宙的初级功效主要是体验优化和便捷沟通。虽然视频会议软件能够解决开会的问题，但办公环境下交互对象之间要不停地切换。笔者参加过很多视频会议，这些视频会议上经常会有几个人因为没有设置好麦克风而干扰会议进行，而也有人不小心将私人之间的窃窃私语发布在了公共频道。相比之下，元宇宙下的办公更类似于线下面对面的聊天，误操作的可能性会降低，交谈对象的切换会更加便捷。

第二，工业元宇宙。在管理方面，工业元宇宙模拟真实生产过程和供应链组织流程，优化组织结构，提高工业企业管理能力。在技术方面，工业元宇宙在工业设计研发、制造模拟、应用检测与维护、性能改进等方面提供全新技术支持。当前工业元宇宙主要有两个方面应用，一个方面是虚拟协同，另一个方面是数字孪生。工业元宇宙的未来发展空间非常广阔，甚至于未来工业生产本身将被设计成一个元宇宙中的游戏，工作体验将类似于游戏中的完成任务。

第三，零售元宇宙。奢侈品品牌古驰（Gucci）在2021年和罗布乐思展开合作，打造了一个"Gucci花园"，只用了两周，就吸引了2000万玩家参观。2022年，这个花园升级为"Gucci小镇"。虽然它还没有完善零售功能，但未来元宇宙时代的零售业雏形已经显现。未来各个品牌将拥有自己在元宇宙中的虚拟空间，而虚拟空间将设计成体验店的模式，可以销售商品。品牌设计师还可以通过虚拟世界空间环境的设置，来强化品牌理念。

第四，文旅元宇宙。《我的世界》是一款开放度很高的游戏，很多开发者用这款游戏来打造建筑空间，中国网友在《我的世界》中还原过故宫，不仅仅还原了故宫外观，还还原了故宫内部细节。《我的世界》明星开发者团队"国家建筑师Cthuwork"则在游戏中复刻了《清明上河图》。游戏内的用户创作开发是文旅元宇宙的早期萌芽，尤其是在新冠疫情防控期间，人员流动受到了较大限制，旅游景点门可罗雀，元宇宙可以给用户更加真实、更加丰富的旅游体验。甚至于这些旅游体验会超越线下实地旅游的体验，通过效果渲染和创造，打造更丰富的旅游线上体验。比如，通过元宇宙还原古代的长安，让用户在线游长安。

第五,教育元宇宙。教育是多元的,并非局限于学科教学,还有很多素质教育的内容。过去教学缺乏身临其境的体验,接受知识的过程中需要学生进行脑补。而在元宇宙时代,教育可以实现真正的言传身教,无论是化学实验,还是物理现象,都可以在元宇宙内以虚拟映射的方式完成,实现寓教于乐。知识将被更加高效地展现给学生。同样地,在专业教学领域,比如军事和航天领域,专业操作人员可以通过元宇宙来实现模拟操控,比如模拟操作坦克、飞机、航天飞机,从而大大降低专业领域的学习门槛。

综上,元宇宙应用的领域并不局限于这些方面,还有比如农业元宇宙、政务元宇宙等。很多元宇宙模式如今还只有雏形,诸如办公元宇宙如何优化协同体验、工业元宇宙如何实现数字孪生精准同步等,都缺乏具体方案。虽不完善,但对元宇宙平台的应用探索是有意义的。

一方面,元宇宙应用的确能够解决实际问题。例如新冠疫情期间,2021年4月和8月,游戏《堡垒之夜》的两次演唱会成功举办。他山之石可以攻玉,很多现实问题可以通过元宇宙去尝试解决。

另一方面,元宇宙应用也是很多产业、企业、从业者所期待的。当前智能手机主导下的移动互联网红利已经接近尾声,智能手机需求量逐渐下滑,诸多新的网络概念,诸如万物互联、5G通信、人工智能应用等,都需要重度应用来支撑需求。元宇宙就是很好的突破口,通过元宇宙的重度应用可以将当前的移动互联网提升到新的发展维度。

各大互联网平台之所以热衷于提出自己对元宇宙概念的理解，主要是想通过一次技术元素的整合来解决新的问题，既是为了让企业突破发展瓶颈，也是为了让互联网整个产业突破当前发展瓶颈。当前很多互联网平台手中掌握大量技术，但这些技术在互联网平台手中没有发挥相应作用。比如屡次转手的科技企业波士顿动力（Boston Dynamics），的确是一家技术很牛的公司，但它的技术也的确没有创造太多的价值。而如果有一种方式能把这些技术都融入进去，并且形成一款重磅应用，那么企业就能够实现技术变现。所以在科技领域，无论是平台企业、技术企业、工程师、从业者都想要推动元宇宙的发展，因为元宇宙让他们手头的技术重获新生。

元宇宙机遇——技术元素

元宇宙不是单一技术，而是多种技术元素的组合，以此来实现某些应用功能。在元宇宙中，内容制作往往是没有门槛的，适合大多数用户。但元宇宙底层技术的演进依然需要大量专业人才和专业公司的参与。当前主流的元宇宙技术元素包括以下内容：

第一，虚拟人。过去最为普遍的虚拟人是游戏里的非玩家角色（Non-Player Character，NPC），后来以初音未来为代表的虚拟偶像获得成功，于是，基于语音库、模型库，通过同步动作捕捉来展现的虚拟偶像就出现了。而随着人工智能的发展，虚拟人在语音库、3D模型库的基础上叠加人工智能。诸如通过在聊天机器人基础上完善虚拟形象，未来可以缔造出虚拟员工。

第二，人工智能。人工智能对现实世界和虚拟世界都有很强的渗透力，算法、算力的发展和数据的累积将推动人工智能从"弱智能"转变为"强智能"。"强智能"可能赋予人工智能真正的人格，从而使得人工智能成为建设元宇宙的重要参与者。

第三，云计算和5G通信。这两项技术的叠加，是为了解决元宇宙终端算力不足的问题。

第四，XR，包括AR、MR、VR等。这些可提升用户在元宇宙中体验的终端设备，是元宇宙时代的硬件入口。

第五，区块链技术。区块链技术主导的内容有三块：第一块是货币系统，是去中心化金融（Decentralized Finance，DeFi）；第二块是资产确权系统，是NFT；第三块是其他，包括权证系统、发票和行政管理系统等。

第六，游戏。当前所有的元宇宙概念性应用，都是游戏。这里的游戏包括重度的游戏，比如网络游戏；也包括轻度的娱乐，比如社交应用。实际上元宇宙当前的展现方式都是游戏。

由于元宇宙尚未形成明确的定义，元宇宙的运营模式也尚在完善，元宇宙的应用场景和技术元素未来还会不断增加。换个角度看，如果要构成一个宇宙，必然不能是个别技术元素的堆砌，而是多技术元素的整合。如游戏开发引擎、3D 建模、动作捕捉等也是元宇宙的重要技术元素，未来也将以丰富的应用形式融入元宇宙当中。

元宇宙机遇——内容创作

元宇宙时代以 UGC（用户生产内容）的模式主导内容创作。元宇宙时代吸引用户加入的核心要素是内容，元宇宙要有较高的参与度，要有多元丰富的内容形式。很显然中心化的内容生产方式不能满足需求，专业机构制作的内容虽然质量很高，但往往曲高和寡。再者，专业机构并不足以实现内容形式的多元化，往往会脱离用户口味和时尚潮流。用户参与创作内容，既能丰富内容，也能为用户带来收入。

在元宇宙时代，具备人格魅力、艺术细胞的人，将拔得头筹，成为元宇宙时代新的弄潮儿。老电影《南海十三郎》中有一句经典的台词："我要证明文章有价。再过三五十年，没有人会记得那些股票、黄金、钱财，世界大事都只是过眼烟云，可是一个好的剧本，过了五十年、一百年，依然有人欣赏，就算我死了，我的名字我的戏，没有人会忘记。这就叫作文章有价。"不管什么时代，内容的内在价值都是关键，而艺术的形式其实并不重要。过去有价值的内容是文字，是画作，现在有价值的内容可以是动图、视频，那么未来有价值的内容当然也可以是游戏，是元宇宙的某场演出。

每个时代都有属于这个时代的艺术家。2022年7月6日，歌星周杰伦发表歌曲《最伟大的作品》的MV，以此缅怀几位知名艺术家。时过境迁，艺术家的成就依然被人们津津乐道，艺术家的事迹被融入歌曲广为传唱，有着知名成就的艺术家会被镌刻入史册。在元宇宙时代，草根艺术家将崭露头角。元宇宙时代不会埋没任何一个天才，通过创作有意思的内容，任何人都有可能在元宇宙时代成为知名艺术家。

所以，元宇宙时代就是草根崛起的时代，而草根崛起的核心是用户有能力创作符合市场需求的内容，这些内容必然是要契合元宇宙时代的，能够在元宇宙用户之间形成共鸣的，令人叹为观止的。

第二章
游戏是一道有趣的选择题

元宇宙是否等同于游戏？

微软 CEO 萨提亚·纳德拉（Satya Nadella）曾言："元宇宙本质上就是游戏，它能够将人物、地点、事物放入物理引擎中，然后相互关联。"萨提亚·纳德拉一语道破玄机，国外的元宇宙平台，诸如罗布乐思、Horizon Worlds、Decentraland 等本质上都是游戏，国内和元宇宙沾边的，诸如《希壤》《虹宇宙》《酿酒大师》《汤姆猫》等本质上也是游戏。所以，元宇宙本质上就是游戏。

然而有趣的现象是，很多国内探讨元宇宙的"专家"却在刻意回避这个事实，过度强调元宇宙对现实世界的改造作用。诚然，笔者认同"现实才是唯一真实的东西"，也认为元宇宙的目标是改变现实世界，但元宇宙改变现实世界的前提，是拥有一个强大的游戏产业，以强大游戏产业为基点形成元宇宙发展的产业链条件和人才条件。没有游戏产业的支撑，元宇宙就是无根之木、无源之水。所以，在讨论元宇宙的时候，我们不应该回避游戏这个元宇宙的核心产业话题。

人人心中都住着玩家

"马里奥之父"宫本茂曾言："电子游戏会把人带坏？当初他们也是这么说摇滚乐的。"

任天堂前 CEO 岩田聪曾言："在名片上，我是公司的总裁；在脑海里，我是游戏开发者；而在内心深处，我是一名玩家。"

人生如戏：游戏开创人类文明

你如果养宠物，会发现宠物也会开展各种游戏，比如追着逗猫棒的猫咪，比如小狮子之间虚张声势地打斗。对于动物来说，游戏就是一个学习的过程，它们在游戏中学习捕猎，也释放出天性。人类和动物的区别在于，人类具备"抽象事物的理解能力"，人类的游戏和动物的游戏本质并无不同，只不过人类的游戏更加复杂，从游戏中获取的东西也更多。纵观人类历史，游戏至少给予人类三样东西：

其一，学习能力。这点人类和动物是一样的，在语言文字出现之前，游戏是人类学习的唯一方式。人类通过游戏模拟的方式来教育孩子生存技巧，如何使用工具，如何遵循语言指令来捕猎。人类的很多技能都能在游戏中得到强化。

其二，秩序和协作。人类和其他动物最大的区别是"对抽象事物的理解能力"，这也使得人类在游戏方面介入更深，而这种深度是通过游戏规则来体现的。游戏本身是对生存状态的模拟，同时制定规则，让游戏和现实状况更加接近。在游戏规则制定的过程中，人类社会就诞生了秩序。秩序对人类文明发展至关重要。人类的肌肉力量、敏捷度和耐力在自然界都属下等，要克服羸弱站在食物链顶端，人类唯一能做的就是协作，协作必然需要规则，而规则需要通过游戏反复强化。

另外，原始社会中人类的很多规则都围绕祭祀展开。在祭祀中，祭祀的参与者各司其职，和他们在劳作生产时的分工基本一致，比如祭祀主持者一般是部落首领，分割贡品的人往往是德高望重的年长者，年长者凭借狩猎经验在部落中担任智囊角色，而普通成员也会根据狩猎、劳作时的分工在祭祀中负责不同的工作。祭祀是对原始社会规则的重复和强化。通过祭祀，原始社会不断强化狩猎、劳作的分工规则。除此之外，祭祀还是人类合作的连接纽带。随着部落人口的增加，原始社会中人与人的血缘关联在减弱，但祭祀将血缘淡化的人们重新聚集在一起，建立新的社会连接，而社会性又是大规模分工协作所必需的。

其三，获得感性的快乐。人是理性和感性的结合体，理性是人特有的，感性起于人类的动物本能。经济学家在分析人的经济行为时，经常做"理性人"假设，但宏观经济学家中的"泰山北斗"往往信奉"感性人"结论。比如凯恩斯就认为"人类具有动物精神"。游戏通过多巴胺和内啡肽分泌的方式给人带来感性的快乐。多巴胺分泌不足会让人情绪低落,有研究表明抑郁症就和多巴胺分泌障碍有关。多巴胺的产生渠道有很多,比如美食、爱情等,游戏给人带来趣味性、沉浸感、成就感,这些感受都能够促进多巴胺分泌,最终转化为玩家的愉悦感和满足感。比如很多人玩游戏是为了缓解现实生活的压力,是一种短暂的心理代偿。

随着时间的推移,人类的游戏开始出现分支,一部分游戏开始变得"严肃",比如演变为祭祀行为,在祭祀的基础上产生了神学,在神学的基础上建立了宗教国家。另一部分游戏继续保持"趣味"。比如演变为神话故事,在神话的基础上产生戏剧,在戏剧的基础上建立了人类艺术体系。从某种意义上说,科学和艺术都起源于人类的游戏行为。

一直以来,人类社会都是以游戏的方式来建构的,在互联网出现之前,大多数家长对于儿童游戏并无太多反对。但互联网出现以后,家长的态度发生了巨大的转变。一边是蓬勃发展的网络游戏产业;另一边是焦虑的家长,害怕游戏耽误孩子学业。大多数 80、90 后的成长过程中充斥着游戏和学习的矛盾,在那个街头存在着大量网吧和游戏厅的时代,我们经常能见到家长揪着孩子的耳朵将孩子从游戏厅和网吧"拎走"。而当 80、90 后有了孩子,他们也开始焦虑自己的孩子,担忧孩子沉迷于网络。

在过去，游戏是为了学习，而在网络时代，游戏似乎和学习产生了严重的对立。网络游戏和人类过往的游戏有什么不同吗？从本质上来讲，它们都是对现实世界的模拟，都会产生多巴胺，都在规则下运行。但是从现实角度来看，它们也存在不同，网络游戏虽然也有学习功能，但网络游戏的学习成果在过去几乎不能创造任何价值。你能在游戏中获得感动、快乐，但在现实中这些情感并没有创造价值。

防止沉迷：游戏建设物质世界

游戏会让人沉迷吗？当然会，但这不是游戏的问题，其他产品也会导致沉迷，比如短视频。人类喜欢追求短刺激和正反馈，继而这种人性特征被商家捕捉，成为当今社会的财富密码。而人类对于嗜好品的依赖也并不只有游戏，诸如在食品饮料消费领域，可乐和功能性饮料受欢迎的本质是两种物质：一种是咖啡因，一种是糖。游戏仅仅是诸多嗜好品中的一种。

沉迷网络游戏的本质是人性贪婪，对游戏的沉迷就好像人类贪吃一样，不加节制才是万恶之源。人类的肉体和精神都需要粮食，也都会因为过度进食而处于不健康的状态。千百年来，人类遵循欲望的天性，但也不断地和欲望在对抗。就好像减肥，我们要控制的是自己对食物的欲望，而不是禁止饮食。

对于游戏沉迷，应该如何应对呢？方法有二，其一是掌控自己的欲望，其二是将欲望转化为生产力。前者很难实现，很多人戒不了烟，减不了肥，同样也很难掌控对游戏的欲望。后者在过去不可能，但是在元宇宙的时代，或将变为可能。

很多80、90后都玩过《魔兽世界》，它是10年前国内游戏防沉迷的"主要对象"。通过各种奇妙的任务设计，以及开放式、社交式的游戏体验，《魔兽世界》成为80、90后沉迷度最高的网络游戏，也是媒体口诛笔伐的对象，但《魔兽世界》也有一些积极的因子。

比如，《魔兽世界》中玩家的协作模式可以为人类社会提供参考。游戏里面的协作系统效率非常高，且由玩家主导形成，比较常见的协作方式是屠龙点数模式（Dragon Kill Points，DKP），游戏副本以团队方式进行，所以玩家若是需要稳定下副本打装备，则需要加入公会，单次副本组团需要20人或者40人才可以完成，个人的失误还会导致团灭，从而延长了团队通关的时间，副本中BOSS掉落装备只有1～2件，且限定职业，装备少，团员多，公会就要考虑装备分配的问题，这些装备给谁呢？规则是由公会专门的记录人员，根据公会成员的出勤率，给每个玩家计分，积分积累到一定量之后，玩家可以在出装备的时候给出积分报价，积分报价价高者可得装备，获得装备的玩家扣除相应的报价积分。公会还有罚款制度，如果公会里单个玩家失误导致"灭团"，也会有积分处罚。公会还会针对不同情况下的工会团给出不同的出勤报价，比如一个公会处于"开荒期",首次接触某个副本,团员参与的积分报价就会提高。

DKP模式后又衍生了金币点数模式（Gold Kill Points,GKP）。公会有专门的计分员,但如果个人玩家没有公会,不想被公会制度捆绑束缚,又想要下副本呢？玩家可以自己组团下副本。同样地,装备少,团员多,装备怎么分配呢？由于团队是由零散玩家组成的,当然不能采取计分的模式,所以就直接以游戏内的金币作为代价。依然是装备报价拍卖,价高者得,买装备的玩家将金币支付给团长,当副本结束,团长将金币平均分配给参与副本的所有玩家。没有拿到装备的玩家获得了金币,拿到装备的玩家付出了金钱。

《魔兽世界》中的DKP和GKP模式,可以成为新的生产组织方式。例如某自媒体做一个内容视频,需要编剧、导演、剪辑师、摄影师、后期、演员等。过去一个完整的自媒体团队需要招聘各个细分领域的人才,一个萝卜一个坑。但如果采用GKP模式,就可以临时招聘人员,当视频变现的时候,视频生产环节中的每一个人都能按照视频收入的占比来获得收益。而如果某个环节上的专业人员出现失误导致整个视频出现问题,那么其他参与者可以要求当事人给予赔偿。

《魔兽世界》的DKP模式和GKP模式给了现实世界的生产组织方式一定的启发,但也存在很多纠纷。比如GKP模式下,团长在副本结束后,卷走了全团的资金；比如DKP模式下,计分方式往往引发团队内部争吵。而在元宇宙时代,这些问题可以通过技术来解决,比如区块链技术下的智能合约。通过智能合约来确定每个人所要承担的责任义务,同时确定任务完成后每个人能够获得的收益分配比例。由于区块链不可篡改、可追溯,所以整个团队的运营过程是透明的,而在交易完成之后,所有的经济利益都会被分配得明明白白。

《魔兽世界》中玩家的行为数据对科学也有启发作用。游戏中存在大量玩家形成的数据,如果能将这些数据善加利用,将释放更多的社会价值。一个经典案例是"堕落之血事件"。2005年《魔兽世界》1.7版本中新增BOSS拥有一个叫"堕落之血"的技能,这个技能会让玩家获得负面效果,中招的玩家会持续掉血,并将这个病毒传染给队友。当时游戏出现了一个Bug,游戏玩家将"堕落之血"带出了副本,带到了人口稠密的主城,导致病毒迅速传播,高等级玩家由于血量较厚,所以影响不大。而很多新手玩家由于等级较低,在主城因为感染反复死亡。

在"堕落之血事件"中,社会科学家从道德层面、流行病学家从传播层面获得了各自的研究成果。但玩家的这些行为数据仅仅是游戏浩瀚数据中的沧海一粟而已,如果我们对游戏数据善加利用,可能会在很多科学领域获得充足的样本量,从而推进人类科学研究的进步。游戏中的数据很庞大,我们只是没有找到使用这些数据的方法罢了。

综上,过去的网游至少有两个方面的积极意义:其一是找到了新的生产组织方式。实际上很多80、90后第一次和陌生人协作,就是在游戏当中。现实中也有很多沉迷网游的人,他们迷恋这种通过

DKP 和 GKP 模式组建团队、挥斥方遒的感觉，而如果我们能够将这种生产组织方式通过元宇宙来实现，那么最终将促成社会结构的变革。其二是积累了庞大的数据。这些数据就沉睡在游戏开发商的服务器当中，如果有正确的算法，这些数据很可能释放出巨大的价值，推动科学和技术的大跨步前进。

然而，《魔兽世界》的玩家再努力，再有情怀，他们也无法在现实中生产出一粒粮食。但元宇宙有能力将这粒"粮食"转变为现实。在元宇宙时代，如果将网络游戏平台转变为一个生产平台，通过前述全新的生产方式来组织生产，在元宇宙中实现生产，那么就能让我们的社会生产方式产生深度变革。

未来元宇宙能够对接生产平台。诸如通过数字孪生将工厂机械设备映射到元宇宙当中，用户可以在元宇宙当中实现对生产流水线的实时监测，工人不再需要去工厂流水线上拧螺丝钉，简单重复地劳动，人工智能会取代人类；需要特殊处理的工作，比如维修，维修工人可以通过数字孪生对流水线运行故障进行预测，直接找到故障点，然后以 VR 远程操控维修机械臂，对故障点进行遥控维修。通过多个技术点的演进，元宇宙应用解决问题的能力绝不仅仅是开几场演唱会，也不会局限在社交、协同办公等简单的领域。元宇宙可以实现远程控制、故障监测、可视化操控、实时交互，从而成为一个真正的工作平台。想象一下，为何有些人在网络游戏中反复地杀怪、刷副本，乐此不疲，而在现实世界里，工作让他们感觉味同

043

嚼蜡，寝食难安。说到底这还是个体验问题。工厂流水线和外卖配送员之间你选择哪个职位？对于这一问题，笔者问过很多人，他们大部分选择外卖配送员，问其原因，很多人认为外卖配送员更自由，而工厂流水线的工作太压抑。能不能让流水线工作不再压抑？元宇宙就是一个很好的突破口。

如果元宇宙既改变了生产组织方式，又改变了生产方式，那么在元宇宙时代玩网络游戏就不再是玩物丧志，而是人类生活和工作的一部分。元宇宙不再是逃避现实的沉迷之地，而是现实世界。甚至可以说元宇宙大大丰富了人类的现实世界，为人类拓展了第二生存空间。当人类将沉迷转化为生产力的时候，生产率和创新力将大大提升。30年前，如果你会打字，你也许会有份好工作；20年前，如果你会写代码，也许会有份好工作；10年前，HR会问你懂人工智能吗？懂区块链吗？也许未来某一天，HR会问你：玩过游戏吗？因为我们公司是通过元宇宙模拟器来生产和创新的。玩家追求的是快乐，而元宇宙能够将这些快乐变现。

游戏文明：游戏缔造产业繁荣

英特尔创始人之一戈登·摩尔提出摩尔定律：集成电路上可以容纳的晶体管数目大约每经过18～24个月便会增加一倍。很多人认为芯片技术的发展是顺理成章的，不需要借助任何外力。但实际上任何一种技术进步都有一个前提：有需求。在消费者买单的情况下，企业才会有持续研发迭代产品的动力。游戏产业是尖端芯片的主要需求方，是过去数十年芯片发展的主要驱动力量。

20年前，英特尔和AMD在CPU领域对垒，英伟达和ATI[①]在GPU领域对垒。这几家企业都推出了一系列产品打擂台，针尖对麦芒。而各家芯片巨头竞争的焦点，是看同等级产品是否可以跑热门游戏。20年前，芯片厂商竞争的焦点是《魔兽世界》，大约5年前，它们竞争的焦点切换到了《绝地求生》，能不能顺畅"吃鸡"成为衡量芯片性能的重要标准。而在2022年，能否让《赛博朋克2077》《艾尔登法环》开上光追[②]是玩家追求的重点。

一直以来，是游戏产业推动芯片产业竞争迭代，游戏厂商和芯片厂商相互推动，促进芯片产业发展：游戏厂商推出新游戏，新游戏追求更加真实的体验，利用更好的游戏引擎，开发出更优秀的3D效果，这些3D效果对玩家硬件提出了新的要求。芯片厂商围绕这些游戏推出全新产品线，满足游戏的硬件需求。芯片厂商迭代之后，为了匹配芯片厂商的技术革新，内存、主板、电源等厂商也一同推进，以技术跟进匹配芯片厂商的性能提升。对此读者可能有疑问，为什么推动芯片迭代的不是工业需求？不是国防需求？原因很多，但核

---

① ATI：Array Technology Industry，著名显卡商，2006年被AMD兼并。
② 光追：光线追踪，也叫光束投射法，是一个在二维（2D）屏幕上呈现三维（3D）图像的方法。

心因素是消费电子产品对于芯片体积、功耗是有要求的,工业设备对于单核芯片性能的要求并不高,工业领域可以通过多核芯片来实现性能。所以很多年来,高端芯片一直应用于三个领域:智能手机处理器、PC 端 CPU、PC 端独立显卡。而对于智能手机和 PC 来说,高端芯片对于这些设备的普遍使用需求存在很高的性能富余,这也是很多企业配备的商务电脑性能普遍偏低的原因。

游戏是 PC 和智能手机迭代的重要驱动力,而 PC 和智能手机的迭代又促使芯片产业加速迭代。2022 年上半年,国内智能手机出货量出现下滑,很多人将原因归于新冠疫情。但实际上在同样是居家隔离的 2020 年,电子消费品诸如智能手机、PC 和游戏主机销量井喷,居家隔离应该是电子消费品需求增长的推动力,而不是阻力。人们不能出门,只能在家以互联网打发时间,居家办公也会提升消费电子产品的需求,所以问题不在疫情。真正阻碍智能手机迭代的原因,是当前智能手机缺少重度应用,5 年前的智能手机完全可以覆盖当下大部分人的需求。尤其是手机游戏,很多人的手机游戏内容在最近 10 年没有很大的跨越,这也导致智能手机迭代的速度大幅度减缓。

综上,可以看出芯片产业和游戏产业的繁荣基本同步。很多人将中国尖端芯片产业不够发达归罪于投入不够,殊不知芯片产业的成长路径和消费者喜好密不可分,因为高端芯片面对的是消费电子市场 C 端用户,芯片性能提升的最终目的是为 C 端消费者带来体验提升。一款新游戏能不能玩,能不能展现出游戏最佳性能,才是 C

第二章 游戏是一道有趣的选择题

端用户关切的核心。所以,如果中国要发展芯片产业,核心关键并不在芯片产业,而是在高端芯片的应用市场。

游戏产业并不只是带动芯片产业。除了 PC 端零部件,游戏产业也带动游戏开发引擎的迭代,带动 3D 建模工具软件的更新,带动动作捕捉及视觉 AI 的开发。国内有一家叫游戏科学的游戏公司,这家公司从 2017 年就开始做 3A 游戏[①]《黑神话:悟空》,该游戏是《西游记》的衍生作品,由于《西游记》里面的妖精大多数是由动物幻化而来,所以游戏中的怪物需要对动物形态进行仿真模拟。于是游戏科学通过 AI 技术对动物的动作习性进行捕捉,进而积累动物动作数据,然后以机器学习来导入这些数据,而未来在游戏制作中,妖精在游戏中的动作导入就可以通过这套 AI 系统来实现。

除了带动相关产业外,最重要的一点,游戏产业也是中国经济需要的产业。20 世纪 90 年代,日本资产泡沫破裂,各种问题叠加,需求不足导致日本多个产业进入下滑趋势,日本制造业逐步迁移到我国,日本制造在全球市场中份额逐步减少。而此时日本的 ACG[②] 产业却逆向繁荣,一定程度上支撑了日本经济,为日本带来了大量的就业机会。任天堂、索尼、卡普空等日本游戏公司成为那个阶段日本的经济支柱企业。横向看,游戏产业具备很高的产业附加值,且

---

① 3A 游戏:是指需要大量的时间(A lot of time)、大量的资源(A lot of resources)和大量的金钱(A lot of money)来开发的游戏。
② ACG:Animation(动画)、Comics(漫画)与 Games(游戏)的首字母缩写。

对资源的需求很低,是典型的人才密集型产业。纵向看,游戏产业带动上下游产业的发展和繁荣,上游的芯片产业、游戏制作产业、3D 建模产业、人工智能产业、内容产业等,都牵动着庞大的市场需求。有人甚至认为游戏贯穿于整个 21 世纪前 20 年的经济发展,认为游戏产业作为纽带串接起 21 世纪几乎所有的重磅产业。

将选择权归还给玩家

席德·梅尔[①]曾言:"游戏可以视作一道有趣的选择题。"

历史上最为持久的游戏体裁包括角色扮演类游戏(RPG)、即时战略游戏(RTS)和第一人称射击游戏(FPS)。而这些游戏当中,RPG 游戏一直占据着网络游戏的主流,其往往带有完整的背景故事线。玩家在游戏中扮演一个人物,一边玩游戏,一边经历各种剧情。在过去很长一段时间,RPG 游戏的剧情一直采取线性设计方式,主线任务是固定的,玩家必须去完成主线任务,推动游戏剧情发展,不管玩家如何选择,RPG 游戏最终都会将玩家导向同一个结局。

对于玩家来说,线性游戏跌宕起伏的剧情让游戏更像一部电影。

---

① 席德·梅尔:游戏《文明》的开发者,策略类游戏程序员和设计师,有"电子游戏教父"之称。

对于游戏公司来说，线性游戏可以减少游戏开发投入，不用担心玩家乱跑触发游戏 BUG。但线性游戏的时代正在逐渐没落，因为主线剧情对于大多数玩家来说太过单调，缺乏自由度，玩家走完剧情后便无事可做。尤其是当前很多游戏用游戏时长来评判游戏成败，游戏厂商无法获取玩家游戏时间即可判定为设计失败。于是，游戏厂商不得不通过开放游戏支线脉络的方式，在主线剧情之外添加新的玩法。游戏公司的支线添加主要有三种方式：其一是开放世界游戏，其二是沙盒游戏，其三是开放"游戏模组"。

开放世界游戏依然由游戏公司来设定游戏内容，是职业生产内容（Occupationally-generated Content，OGC）的方式。游戏公司给游戏提供更多支线剧情和隐藏剧情，将各种创意玩法引入游戏当中，玩家可以在开放世界游戏中随意探索，去游戏中发现游戏隐藏任务、剧情、彩蛋等，开放世界游戏也通过这些额外的内容推动玩家之间的经验交流，以话题性吸引新玩家参与。近几年热门 3A 大作基本都是开放世界游戏，诸如《侠盗猎车手5》《上古卷轴》《荒野大镖客2：救赎》《艾尔登法环》《塞尔达传说：旷野之息》《原神》等。

"游戏模组"又叫作 MOD（英文 Modification），玩家可以对游戏中的道具、武器、角色、敌人、事物、模式、故事情节等做出修改，甚至可以将外部设计导入游戏当中。早期的模组修改需要熟悉程序代码，所以早期 MOD 修改工具使用者一般有程序员工作背景。从内容创作方式看，这种方式属于专业生产内容（Professionally-generated

Content，PGC）。喜欢用 MOD 来"篡改"游戏内容的人被称为"Modder"。

对于游戏厂商来说，其提供 MOD 的目的是增加游戏的玩法。开放世界游戏虽然内容丰富，但毕竟还是设计好的套路，玩家的自由度并没有被完全打开。若是游戏公司向程序员开放 MOD 修改器，游戏公司以外的程序员个体也会主动参与进来，为游戏内容创新作贡献，还可以顺带帮游戏解决几个 BUG，让玩家游戏体验更加完美。

最早的 MOD 修改器开放的游戏是《反恐精英》，1998 年威尔马游戏公司（Valve Corporation，简称 V 社）开发出了《半条命》，这是第一款 FPS 游戏，一经发售就引发玩家追捧。V 社想要在游戏基础上做一些尝试，于是就开放了《半条命》所有的基础代码。1999 年，两个年轻人杰斯·克利夫和"鹅人"李明在 V 社开放代码的基础上开发了 MOD 游戏《反恐精英》，玩家可以通过编辑射击游戏地图的方式开展游戏。《反恐精英》是典型的 MOD 游戏，它丰富了 V 社《半条命》游戏的内容，开放式玩法更是在玩家群体中迅速传播。在 20 年前，中国网吧一半的机子都在运行《反恐精英》。后来两位游戏开发者加入 V 社，当前依然在 FPS 领域大行其道的《反恐精英 Online》就是《反恐精英》的迭代产品。

同样创造奇迹的还有《魔兽争霸 3》，某种意义上说，当前国内 MOBA[①] 游戏里面顶流的游戏，包括《英雄联盟》、《王者荣耀》、

---

① Multiplayer Online Battle Arena，简称 MOBA，多人在线战术竞技游戏，玩家通常被分为两队，在分散的游戏地图中互相竞争。

DOTA2 等都是从《魔兽争霸 3》的 MOD 中诞生出来。《魔兽争霸 3》在发布的时候自带世界编辑器（World Editor），玩家可以通过这个编辑器来编辑个性化战斗地图，这些个性化地图中比较有名的是一张叫 DotA 地图，这张地图由玩家 Eul[①] 将《星际争霸》的玩法编辑成地图引入《魔兽争霸 3》，后来，DotA 地图的继任管理者玩家羊刀[②]完善了玩法，之后羊刀离开，加入拳头游戏，开发了独立游戏《英雄联盟》。羊刀的继任者是玩家冰蛙[③]，冰蛙在接手一段时间后加入了 V 社，并主导开发了独立游戏 DOTA2。

综上，MOD 能够丰富游戏自身的内容和玩法，通过分享来增加游戏话题性和关注度，除此之外，MOD 也为游戏产业提供了大量后备开发人才，很多 MOD 设计者在成功设计游戏玩法之后，被游戏大厂收编，成为游戏大厂发展的后备力量。但 MOD 对于大多数玩家来说还是不太友好，因为需要一定的专业基础。比如对游戏中某个模块进行设计和改造就需要有一定的游戏设计能力，一些游戏的 MOD 还需要有很强的代码书写能力。

开放世界游戏的成功告诉游戏公司要提高自由度，而 MOD 让玩家创造了更多热点，甚至以全新的游戏玩法反过来打败了游戏公司

---

① Eul：外文名 Kyle sommer，DotA 的创始人，现任 V 社游戏设计师。
② 羊刀：外文名 Steve Guinsoo，DotA 的创始人和执行设计者，后加入拳头游戏（Riot Games），成为《英雄联盟》的核心研发者。
③ 冰蛙：外文名 Abdul Ismail，DotA 的执行设计者，现就职 V 社游戏公司，当前是 DOTA2 开发小组负责人。

的职业化设计团队，但 MOD 对于普通玩家来说技术门槛太高。有没有一种编辑门槛低，又有开放探索功能的游戏？这就是沙盒游戏，比如罗布乐思平台中的游戏、《我的世界》等。沙盒游戏是从沙盘游戏发展进化而来，鼓励玩家改变、影响甚至创造世界，游戏本体就是一个编辑器，以图形化游戏素材的方式，降低玩家创作游戏内容的难度，小孩子都能够创作诸如角色扮演、动作、射击、驾驶等类型的游戏玩法。与此同时，沙盒游戏也完全剔除了主线剧情，游戏公司不再逼迫玩家参与主线剧情，玩家甚至可以自己当编剧，创造游戏内容。沙盒游戏的生命力就在于玩家可以自己创作游戏内容，玩家的创作内容越是丰富，游戏本身的可探索性就越强。每个沙盒游戏的玩家都可以体验别人的创意，同时分享自己的创意。

综上，元宇宙的起点是游戏，它将具备三个特点：

其一，开放性。起源于开放世界游戏，开放性的核心是让玩家能够通过积极探索来找到新鲜感。

其二，可编辑、可创造。起源于 MOD，让游戏玩家来创造内容，适当给予游戏一些留白，让玩家享受着色的乐趣。

其三，社交属性。起源于沙盒游戏，创作游戏内容的玩家，一般具有两个目的：要么通过创作内容实现经济利益，获得金钱收益；要么通过创作内容吸引关注，在玩家群体中脱颖而出。无论是哪一种，创作者都会和其他用户形成深度互动，故而元宇宙游戏也有社交属性。

漫长道路，从沙盒游戏到元宇宙

在沙盒游戏运行模式的基础上，添加经济系统，添加虚拟人等关键元素，并以 VR/AR/MR 等沉浸式终端作为交互设备，将线下现实世界的元素映射到虚拟世界，这便是当下通行的元宇宙产品。但先别急，元宇宙的形成还需要经历漫长的技术积淀，在 2022 年的当下，我们尚有大量问题需要解决。此处，我们依然聚焦在沙盒游戏，谈谈沙盒游戏到元宇宙所面临的一些难题。

以游戏性作为元宇宙突破口

沙盒游戏是元宇宙的起点，但很多人对于沙盒游戏是不满意的，它画质粗糙，需要玩家脑补画面，导致体验不佳，这一点似乎是所有当下元宇宙应用的通病，即便是扎克伯格强调用户体验的 VR 模式，其也只是粗糙的半身像。种种迹象表明，当前全球元宇宙的用户体验并不达标。导致元宇宙体验差的因素有很多，但主要有两点：一点是因为当前很多技术还没有达标，硬件和软件都不允许玩家在参与内容创作的同时享受高画质体验；另一点是因为当前用户体验主要是通过游戏性来实现。

玩家参与内容创作的元宇宙画质体验必然很差。因为高画质的体验是有代价的，展示效果和物品细节是需要用金钱和人才堆出来的，是有很高成本的。这些成本包括制作成本，也包括用户设计游戏内容在元宇宙平台运行所占用的资源。比如 Meta 和微软的元宇宙当中，为何角色都是半身像没有腿？很多用户对此很不适应，认为没腿的元宇宙角色形象让人感觉很不舒服，但若要加上两条腿，实际上是有很大代价的。当前大多数 VR 产品都是头手追踪产品，如果把元宇宙中角色加上腿，那么就要在现实中装上腿部传感器。对于 VR 用户来说，需要针对腿部设计配套产品，一台 VR 万向跑步平台（Omni-directional treadmill，ODT）入门价格为 3～4 万元。对于元宇宙平台来说，需要针对腿部运动设计腿部姿态，而在网络传输过程中，同步数据传输量也大幅度增加，整个元宇宙平台的负载都会呈几何等级增加。

同样，如果元宇宙的画面细节要求很高，那么用户参与内容创作的时候，也需要制作细节丰满的虚拟物品，这个时候用户在设计上花费的成本呈几何级数增长，且根本不是个人能够完成的。用户需要对设计物品进行 3D 建模来打磨细节，要通过专业游戏引擎来展现虚拟物品功能属性。玩家要精通包括 3Dmax、Maya、Zbrush、游戏引擎等工具软件。

当元宇宙内容体验感、真实感不足的时候，提高元宇宙游戏性可能是比较好的途径。"游戏性"来源于英文"Gameplay"，《文明》系列游戏的作者席德·梅尔曾说过："游戏可以视作一道有趣的选择题。"抛开元宇宙那些绚烂的未来定义,任何游戏的本质都是要强调"有趣的选择",而"有趣的选择"本质上就是"游戏性",游戏的本质是为了快乐,而快乐的本源应该是游戏的玩法,而不仅仅是画质、全面真实的体验。人类不同于动物的特点在于我们能够理解抽象事物,具备想象力,那么可以很好地利用我们的想象力进行"脑补"。看小说的时候我们有画面感,游戏的展现方式比文字更加直接,我们完全可以理解游戏想要给我们传达的那些实质内容。游戏性的内核是娱乐和交互,游戏性既包括有趣的游戏玩法,也包括游戏整体的抽象趣味。前者很好理解,我们一样可以将像素游戏设计得很有趣,内容非常丰富,像射击、解谜、密室逃脱、收集等,而抽象趣味则是指你听到一则有趣的故事,或者和一些陌生人产生了交集,拓宽了自己的社交圈。

未来数年元宇宙的发展将依然依赖于游戏性,虽然用户是元宇宙内容的缔造者,但元宇宙平台决定了游戏玩法的上限。未来成功的元宇宙平台企业应避免过度追求元宇宙的真实感,应该将注意力放在元宇宙核心玩法的打造上,通过各类创意让元宇宙的内容更加丰富。

以道德法治规范元宇宙发展

玩家自由度提高必然会导致一些法律和道德问题。在 Meta 的

"Horizon Worlds"测试期间，一名女性测试者报告了一件事——她在虚拟世界里遭到了性骚扰。而2022年5月的新闻报道，一名女子在Meta的"Horizon Worlds"中被一名陌生人"性侵"。这些出现在虚拟世界的"违法"行为，根据当下的法律很难对玩家行为进行制裁，甚至有些玩家还会跟随起哄，认为这仅仅是一个玩笑。

用户创作内容是元宇宙应用的必然选择，没有参与感、不够开放、自由度低的游戏平台不能称之为元宇宙。但一旦提高了自由度，则元宇宙有可能被部分人利用，从事违法犯罪行为，故而人类世界的很多规则应该延伸到虚拟世界。元宇宙说到底是人类现实世界的延伸，所以不能让元宇宙成为法外之地。那么，如何协调游戏规则和游戏自由度之间的关系呢？

老办法，元宇宙依然需要一个监督者来保障平台规则。国外元宇宙过度强调去中心化，但没有缰绳的元宇宙就像脱缰的野马，未来会出现大量问题，元宇宙也需要警察来维持治安，中心化的监管和去中心化的自由度之间应该通过规则达成某种平衡。

除了自由度和法治的矛盾，元宇宙还存在其他问题，比如：

其一，未成年人防沉迷的问题。强调未成年人防沉迷的必要性不言而喻，大多数家长对自家孩子的自控力是没有信心的，中国大多数80、90后家长在成长过程中接触过游戏，他们更懂未成年人沉迷游戏的危害性，所以应该对未成年人参与元宇宙给予一定的限制。但与此同时也要看到，元宇宙时代完全禁止未成年人参与亦是不可行的，诸如教育元宇宙，元宇宙中的教学效果更佳，对于学生来说体验更加真切，但教育元宇宙的内核也是游戏。所以，比较适合中国的未成年人防沉迷制度策略，还是分级制度。

其二，伪造身份和信息泄露问题。玩家游戏被盗号在当下司空见惯，也许是部分游戏厂商安全保护机制不健全，黑客通过撞库[①]对用户密码进行解密，继而盗取玩家游戏账号中对应的游戏道具，甚至通过账户对玩家好友实施诈骗。在网络游戏时代，这种损失足以摧毁一个玩家继续游戏的心情。而元宇宙时代，用户账号往往和大量虚拟资产绑定，具备的价值量更高，用户丢失账号带来的损失将远超过往。所以，笔者认为需要针对元宇宙进行专门的信息安全立法。

其三，游戏中数字资产所有权的问题。在过去，游戏中的数字资产是不具备产权属性的，这大大降低了玩家创新的积极性。而元宇宙要依赖用户参与来创建内容，所以未来数字资产所有权的问题将受到关注，要发展元宇宙，未来必然需要对数字资产产权进行立法保护。但保护数字资产产权的时候需要注意到：NFT 的确赋予数字资产唯一性，但 NFT 并不能等同于产权。举个例子，大家都知道凡·高画了《向日葵》，如果有人将向日葵复制到虚拟世界，加上 NFT，这个时候这幅数字化的向日葵属于谁呢？实际上 NFT 是一个工具，就好像给数字资产打上了防伪码，但就像刘德华在电影《天

---

① 撞库是黑客通过收集互联网已泄露的用户和密码信息，生成对应的字典表，尝试批量登录其他网站后，得到一系列可以登录的用户账号。

下无贼》中的那句台词:"开好车的就一定是好人吗?"贴上NFT的就一定是原创吗?其实并不一定,而这方面需要法律进行界定。

其四,人工智能是否应该在虚拟世界具备身份。图灵测试是检验人工智能的一个标准,测试者隔着帷幕和人工智能、人类分别对话,如果参与的测试者有30%的比例将人工智能错判为人类,那么就可以证明人工智能具有人类智能。实际上当前人工智能的水平正在逐步提高。而一旦我们在元宇宙遇到一个高级人工智能,我们是否需要给人工智能打上特别的标签,防止其冒充人类?又或者人工智能犯罪的时候,元宇宙警察应该如何处置?

综上,法律层面的问题还有很多。当游戏只是游戏的时候,似乎很多问题都不是问题,因为那是虚拟世界的事,一切都是一堆数字,某天游戏公司倒闭了,服务器关闭,所有的是非都会结束。而当元宇宙中的游戏融入了现实世界,庞大的数据资产、各种利益纠葛就会出现,此时自律真的能够让元宇宙顺畅运行吗?以前,很多网络游戏因为盗号、外挂、言语暴力等问题,最终走向没落,但这些问题在元宇宙时代不会消失,如果我们在元宇宙话题中刻意回避这些问题,那么元宇宙很难获得真正意义上的发展,这些问题也很难得到真正的解决。

元宇宙是一系列有趣选择的结果

元宇宙是 UGC？也许吧！元宇宙是 VR 应用？也许吧！元宇宙是区块链？也许吧！元宇宙是数字藏品和虚拟人？也许吧！元宇宙是数字孪生？也许吧！

很多时候，其实我们讨论的很多元素并非元宇宙所必需的元素。比如 VR 对于元宇宙很重要，但凭什么一定要是 VR？很多人将 VR 称为"怼在脸上的一块屏幕"，如果这块屏幕不能解决用户体验问题，难道我们就永远不搞元宇宙了吗？其实非也，没有 VR，智能手机和 PC 照样能够支撑起元宇宙，如果科技发展再快一点，我们为什么不能用脑机接口来接入元宇宙？就像《黑客帝国》那样，在后脑勺搞个"插座"。

所以，和游戏一样，元宇宙也是一系列有趣选择的结果。无论是 VR、数字孪生、数字藏品、数字偶像、区块链下的虚拟货币还是 NFT，都不是元宇宙所必需的，换句话说，我们并非为了元宇宙而去搞元宇宙，元宇宙的核心是两点：其一，对于用户来说，元宇宙应用是有趣的，是有吸引力的，人们自发地涌入了元宇宙。其二，加入元宇宙当中的技术元素应当能够解决元宇宙内部痛点，能够解决问题、创造价值的技术才有添加的必要。对于前者，笔者认为元宇宙需要具备游戏性，而且应该是有趣的应用；对于后者，与其考虑元宇宙是什么，还不如考虑元宇宙能带来什么。

元宇宙就是游戏。也许随着各种元素的叠加，元宇宙最终会摆脱游戏的定义，但当前可见的元宇宙应用都是游戏的内核。元宇宙是游戏业新的延伸，游戏产业可以通过元宇宙实现"脱虚向实"，使网络游戏从虚拟世界延伸到真实世界。通过网络游戏和现实世界的融合，实现和现实世界的优势互补。元宇宙时代的网游玩家再也不是玩物丧志，通过各种技术元素，元宇宙将成为人类新的工作、生活场所。

将游戏和现实世界融合有什么意义吗？其实很有意义。游戏是有声有色、多姿多彩的，而现实世界中充斥着各种问题，很多人沉迷游戏的原因，仅仅是虚拟世界能够给予他们一个回避现实世界的空间。比如很多玩家，在生活和工作领域不如意，却能够在游戏世界挥斥方遒，纵横捭阖。当一些人的能力不能在现实世界发挥出来时，可以给予其一座桥梁，通过元宇宙将虚拟世界和现实世界打通，让他们的能力展现出多元的价值。

之前看过一部纪录片，讲一个在现实中无法获得温饱的人，在游戏里面却是公会会长，是能够组织数百人协作战斗的领导者。在过去，游戏中的他们仅仅是网瘾少年，没有输出任何价值，而在元宇宙新的生产组织方式下，他们可能就是新的生产组织者，能够团结一切能够团结的虚拟世界力量为己所用。

为什么如今依然有很多人认为游戏是有害的？究其原因，是网络游戏和现实世界完全脱节。人类传统的游戏都是为现实服务的。从原始社会开始，幼儿从游戏模拟中学习生存技能，士兵从游戏模拟中练习战斗拼杀，科学家从游戏模拟中感悟自然规律，这些都是游戏，但这些都和人类现实世界发展息息相关。网络游戏完全抛开了现实世界。我们无法从射击游戏（FPS）游戏中学会枪法，我们也无法从角色扮演（RPG）游戏中找到现实问题的答案，玩了几年游戏，除了灵敏的手指，身无所长。这是网络游戏玩家的悲剧，其实也是网络游戏产业的悲剧。

元宇宙是网络游戏产业的"自我救赎"，通过元宇宙相关技术的加入，网络游戏突破了虚拟世界的边界，打通了虚拟和现实世界的路，从此，通过游戏解决现实世界的问题成为可能。玩家能够将现实工作搬到元宇宙当中，将快乐体验和工作结合起来，玩家能在元宇宙中获得购买生活用品的财富，在游戏中释放自己的创造力。这是网络游戏发展的必然趋势，网络游戏通过元宇宙和现实融合起来，虚、实两个世界相互赋能。

再者，游戏选择了元宇宙的虚实融合，元宇宙也选择了通过游戏来获取用户流量。任何应用的选择权都是在用户手中，脱离用户任何产业不可能得到有效发展。产业政策要避免舍本逐末，拎不清主次。很多人回避元宇宙游戏的内核来看问题，那么，如果元宇宙本质不是游戏，我们用什么来吸引人们加入元宇宙的浪潮中来？没有用户参与，缺乏趣味性的应用可能普及吗？用户有什么理由参与到一个枯燥乏味的项目中浪费时间？

综上，游戏选择了元宇宙这条虚、实融合的道路，元宇宙也选择了游戏作为用户切入口，以体验感、成就感、游戏性来吸引用户加入元宇宙。游戏和元宇宙相互选择，最终成就了大量以游戏形式展现的元宇宙应用。游戏是一道有趣的选择题，而游戏产业的下一个平台，是元宇宙。

第三章

用区块链再造一个人类文明

元宇宙和区块链有千丝万缕的联系，因为元宇宙想要将选择权交还给用户，想要避免互联网平台对元宇宙的掌控，而去中心化的区块链技术从技术层面提供了有效的支持。但实际上，笔者认为区块链技术是元宇宙发展中的一个选择，当前区块链技术和元宇宙结合存在一些合规性障碍。也许不结合区块链技术，国内元宇宙落地反而更加顺畅。但区块链技术也的确能够让元宇宙的用户体验大幅度提升，可以说区块链技术能够让元宇宙更完善，更符合互联网发展的大趋势。

任何技术都是为解决问题服务的，区块链技术的确解决了元宇宙的一些难点和痛点。一方面，区块链技术以去中心化的方式将元宇宙的所有权赋予用户，区块链技术在元宇宙中构建出经济系统，经济系统以市场激励机制吸引用户积极参与到元宇宙建设当中；另一方面，区块链技术本身就是流量密码，能够为元宇宙发展早期聚集人气，让元宇宙更快成型。

九页纸中诞生万亿财富

2008 年 11 月，美国次贷危机的余波还没有消散，美元的全球货币地位岌岌可危。此时，一个自称中本聪（Satoshi Nakamoto）的人在 P2P foundation 网站上发布了比特币白皮书《比特币：一种点对点的电子现金系统》，以九页纸报告的形式打开了区块链技术的"潘多拉魔盒"。中本聪的设想是以一种技术来实现人与人的互信，打造一个不会被个人、机构、政府掌控的信用货币。

区块链的财富故事

区块链又叫分布式账本，实际上是以会计的思路来解决问题，可以通过下面的例子来了解区块链：

在区块链技术之前，如果 A 要在互联网上向 B 支付 100 元，需要有个中心化的数据库来记录这个行为，银行服务器上，A 的余额减少 100，B 的余额增加 100，此类转账是中心化的记账方式。银行实际上扮演了中间人的角色，他们以信用来保障交易进行，只有在 A 和 B 都信任银行信誉的前提下转账交易才会进行。但银行本质上也是人，银行服务器可能被黑客攻克，银行职员也可能出现监守自盗的行为，天灾人祸都有可能摧毁中心化的记账服务器。同样的问题也可能发生在央行，比特币出现的 2008 年美联储就出现了此类问题，为了应对次贷危机和欧债危机，美联储加大了印钞力度。纸钞本质是一种记账信用货币，超发美元不会增加财富，只是通过稀释货币信用的方式来短期刺激经济发展和通胀率上行。很多人反对超发货币，很显然中本聪也反对超发货币。如果有一种技术，能够将人的主观意愿排除在外，完全以技术主导的信用体系来保障交易进行，也许就能够制止中心化金融机构的失信行为。

为了解决中心化记账者失信问题，区块链以技术手段建立了一个没有人能够控制的网络，以此来支持去中心化的市场交易行为。还是上面的例子，在区块链网络中，A 向 B 付 100 元，交易一旦发生，区块链网络中所有人都会收到交易信息，假如区块链网络由 100 个人组成，那么就有 100 个人拿着账本在记录这笔交易，每个人手上都有一本账本来相互印证，所有账本记录都是连续的。如果你要篡改交易，就要篡改大部分人的账本，比如就要篡改 51 个人的账本，但这几乎是无法实现的。

当然，100 个人同时记账并不实际，区块链技术先在 100 个人中选一个人来记账，其他人只要抄这个人的账本就行了。而选出这个首要记账者的方式，就是共识机制。比特币的共识机制是工作量证明，也就是做题，谁先以随机方式算出了一个 256 位的哈希值，谁就获得记账的权利，记账人将交易记录打包成区块，这个区块就是比特币。表面上看，记账者通过挖矿获得了记账权利，从而获得了比特币，但实际上，记账者是通过记账方式收取手续费。

综上，从区块链技术的原理可以看出，其具有以下特点：

其一，一定程度上去中心化。区块链网络无法被个体控制。当然，根据区块链设置的不同可以分为公有链、私有链和联盟链。公有链中访问和编写是开放的；私有链中访问和编写由某家机构控制；联盟链介于两者之间，访问和编写的权限仅对加入组织联盟的成员开放。区块链网络中参与者越少，参与用户对区块链网络的控制力越强，也就是区块链网络并非完全去中心化。

其二，区块链是不可篡改的。因为账本是连续的，且所有参与区块链的节点都会有一个区块链账本记录的副本，可以在节点之间相互印证交易真伪，所以不可能去篡改过去发生的交易。

其三，区块链是透明的。这里要强调，很多人说区块链是安全的，其实并非完全如此，区块链本身是透明的，任何一笔交易在区块链网络中都是公开的，都是有迹可循的。而真正让比特币等虚拟货币无法追踪的，其实是加密技术，比如比特币使用非对称加密技术。根据使用场景不同，区块链的透明交易完全可以实现，比如在权证上使用区块链，完全可以采取交易透明的方式。

综上，区块链技术从一开始就是为了解决问题，是为了防止人、机构犯错，所以用技术的方式来建立一套互信系统。区块链使用了时间上的防伪，也就是交易产生的时间连续性，也使用了空间上的防伪，也就是通过广播的方式，让整个网络的节点也就是参与者来监督和验证交易，使得交易在阳光下进行，并防止交易中一方反悔。

在 2021 年 11 月 10 日，比特币价格最高触碰 6 万美元 / 枚，如果将比特币看作一家公司的话，比特币最高点市值一度超越 Meta 进入全球前五。不过很显然，比特币的价格存在泡沫，支撑比特币价格的是比特币成为"世界货币"替代美元的"信仰"。可惜的是比特币很难实现币值稳定。如果要成为世界货币，币值稳定是必需的，只有长期币值稳定的货币才能用于国际结算，才能作为储蓄，而随着 2022 年美联储进入加息周期，风险资产价格将面临重估，以比特币为代表的加密货币也将迎来泡沫破灭的考验。

不过，虚拟加密货币有泡沫，区块链技术却没有泡沫。单从区块链货币方面，很多人开始推动具备储备性能的稳定货币，比较有代表性的有：

一个是 Meta 推动的 Libra，想用虚拟货币挂钩一篮子国际法定货币的方式，来提供某种币值稳定的加密货币，但 Meta 推动得并不成功。Meta 设想用联盟链的方式来组织一个由企业、机构组成的公益组织，但是 Meta 这个项目设想的独立性遭遇质疑。政府层面，美国和以法国为首的欧盟五国对其联合抵制；企业层面，PayPal 这样重磅的支付企业退出，最终 Meta 只能搁置 Libra 稳定货币项目，但此类尝试在未来可能卷土重来。

另一个是中国推动的数字人民币，我国数字人民币利用了区块链的内核，以国家信用来保障数字人民币币值的稳定。其最初目的是想让现金支付更加便利化，随着数字经济的发展，人民币纸币在流通领域越来越少见，这也使得央行M0对经济的传导作用越来越小。数字人民币就是将现金转化成数字模式，缔造和恢复一些现金交易，同时发挥区块链的特点，以智能合约等功能，丰富当前支付体系，提供公平、效率和安全的支付工具。

这两种应用中，当前数字人民币这种央行数字货币方式逐渐成为主流。央行数字货币可以实现两大目标：其一是通过区块链实现去中心化和透明交易，区块链技术的特点是透明，透明度更高的交易可以让货币交易更加安全，当然出于交易隐私保护，数字人民币依然提供可控匿名性来保护使用者隐私；其二是币值稳定，由国家保障信用，和人民币币值完全对等挂钩，从而避免币值波动，在货币流通和储蓄当中具有更强的实用性。

元宇宙的货币系统

为了推动用户参与数字创造，元宇宙需要有一套经济系统，该系统由三个方面组成：数字货币、数字资产、数字市场。而数字货币最终将以数字人民币为代表的稳定数字货币模式来实现，这个判断基于如下几点原因：

其一，元宇宙的数字货币要摆脱平台主导。元宇宙要将选择权还给用户，要让用户来进行内容创作，这势必需要货币激励。但过去游戏公司主要是发行可复制游戏内代币,但很难保证信用,因为平台可以无限复制发行,即便平台诚信可靠,也要提防游戏公司下属员工监守自盗,损公肥私。所以,元宇宙需要区块链技术来打造货币系统,而不能由平台私自发行代币来组建元宇宙的货币系统。

其二,元宇宙要避免使用私铸数字货币。比特币的高波动性就是一个很大的问题,这会让元宇宙系统缺乏稳定性。除此之外,虚拟货币还容易成为虚拟货币创始人的敛财工具,无论是比特币还是以太坊,现实状况是这些虚拟货币创始人都是货币炒作的最大受益人,无论是中本聪还是维塔利克·布特林(Vitalik Buterin,以太坊创始人,人称V神),手头都积攒了大量虚拟加密货币,成为虚拟货币泡沫最大受益人。

另外,虚拟货币不能篡改的特性也并非绝对,创始人通过主导算力可以对虚拟货币实施分叉。比如两个记录不同交易的区块同时生成,而这两个区块生成之后还没有向全网广播,所有人都在等待抄账本,但是由于有两个同一时间生成的区块,大家不知道抄哪个,于是出现两条分叉的支链,继而矿工也就是记账者分别在两条支链上继续挖矿,较长的支链被保留,较短的失效。

小型的加密货币由于挖矿(记账者)算力不高,有人会人为制造分叉,再通过优势算力制造假支链来覆盖正常交易链。比如B用户用1000万购买A用户1000枚虚拟货币,然后A在这笔交易前一笔交易的后面制造一条新的区块链分支,然后通过算力在新区块链上挖矿，让新链条长于旧链，最后新链替代了旧链，这样B用户付出了1000万，而1000枚虚拟货币却回到了A的账户。这种问题在加密货币的小币种上时有发生。

大币种好一点，比特币和以太坊也出现过多次分叉，但大多数分叉是在社区共识的基础上进行。2016年，以太坊众筹的项目被盗走6000万美元虚拟币，为挽回损失，以太坊创始人和以太网社区决定对以太坊进行硬分叉，就是在被盗前的一个区块之后加入一条新区块链。按理，新区块链比旧区块链长，那么旧区块链就会作废，但实际上最后通过技术手段把旧区块链保留了下来，新币叫以太坊，旧币叫以太经典。这种方式看似用和平的方式解决了分歧，但实际上破坏了虚拟货币信用。虽然社区主导虚拟币管理，但创始人一直有很大话语权，创始人可以用囤积虚拟币来发财，也会以升级区块链的名义来实施硬分叉和软分叉，以意见领袖的方式来主导虚拟币的走向。

综上，可以看出私人铸币的虚拟货币并不可靠，故而元宇宙也不应该采用私人铸币来作为交易媒介。

其三，元宇宙的货币系统面临合规性考验。现阶段我国政策对于虚拟加密货币是打压退出的政策，2021年9月，中国人民银行等10部门发布《关于进一步防范和处置虚拟货币交易炒作风险的通知》，并通过多部门联合行动，打击虚拟货币的挖矿行动。现在看这些政策是有前瞻性的，因为2021年11月比特币创出历史新高之后，几乎所有虚拟加密货币都进入了萧条期。国家通过限制虚拟加密货币炒作的方式，隔离了虚拟货币价格波动风险。从合规性角度看，国家信用发行的数字人民币出现合规问题较少。而在稳定性方面，数字人民币由于和现金锚定，具备等值属性，同时，数字人民币的币值也和人民币挂钩。

另外，虚拟加密货币经常用于黑市交易和洗钱，脱离监管，经常用加密技术来掩盖交易实质。而数字人民币具备可控匿名性，在交易隐私和交易透明方面做了平衡，既可以防止利用虚拟货币实施非法行为，也可以防止金融机构过度收集交易者信息。

综上，一方面，私人铸币方式发行的虚拟货币和元宇宙并不契合；另一方面，为了防止元宇宙平台控制元宇宙内的经济系统，需要以区块链技术来制衡平台，以技术在用户之间建立可信度高的交易系统。因此，我国数字人民币将是元宇宙中货币系统建设的不二选择。

元宇宙的产权经济学

经济学学派五花八门，各有各的观点，但是所有经济学最终都有一个共识：产权是激励生产、创新的最佳方式。一旦产权明确，人的能动性就能获得充分释放，生产效率和创新效率将显著提升。我国的改革开放就是一部产权激励史。从吃不饱饭到应有尽有，从土地无人问津到房价一飞冲天。未来，我国科技行业也将依赖知识产权保护来进一步激发科研人员的热情，释放科研活力。

产权是万能神药，在以前，数字资产具备价值却没有产权，本质上是一段代码，是代码就能够无限复制，谁也不会去购买一段可复制的代码。在元宇宙时代，数字资产产权体系是元宇宙大厦建设的基础，区块链技术给了数字资产独一无二的属性，让其具备了交易的可能。

NFT 技术往昔

在区块链崛起的时候，有两个主流的区块链平台。一个是中本聪打造的比特币，其主要以虚拟加密货币的方式试图替代美元成为世界货币。另一个是 V 神主导的以太坊，以太坊是一个可编程、可视化、更易用的区块链公链平台，它允许任何人编写智能合约和发行代币。以太坊也发行自己的货币，但是以太坊主要的目标是用区块链解决多元问题。

非同质化代币（NFT）是数字资产实现产权的重要技术方法，这种技术起源于以太坊对区块链应用的探索。NFT 和虚拟币的底层技术都是区块链技术，但虚拟币是同质化代币，NFT 是非同质化代币。

两枚虚拟币之间没有差异，可以相互替换，可以分割成更小额的虚拟币。

而 NFT 则强调每个区块和其他区块的差异性，通过各种区块特性来让每枚代币变得与众不同，从而使得这枚代币也就是区块在区块链网络中变得独一无二。

NFT 的起始是一个叫作加密朋克的项目。项目的发起公司是一家叫幼虫实验室（Larva Labs）的手游开发公司。当时这家不温不火的公司开发了一个头像编辑器。2017 年的时候，比特币的火爆已经初露端倪，而为了赶上区块链的热潮，这家公司用头像编辑器生成了 10000 个各不相同的头像，然后用以太坊公链的智能合约，以 NFT 的方式为这 10000 个头像赋予独一无二的产权属性。幼虫实验室将 10000 个头像放到了公共论坛让人免费领取。一开始乏人问津，之后在接受一家媒体采访时，这家企业的负责人马特霍尔（Matt Hall）和约翰·沃特金森（John Watkinson）大谈数字资产确权，从 NFT 不可复制、不可篡改、不可分割、独一无二的角度，畅想 NFT 技术在艺术藏品领域的应用前景。此举迅速让媒体和资本嗅到了商机，NFT 的理念开始传播。幼虫实验室的头像迅速被一扫而空，幸好这家公司提前留存了 1000 个头像，继而赚得盆满钵满。

加密朋克爆火之后，NFT 迅速迎来了大量参与者，第二个成功的 NFT 项目是加密猫游戏（Crypto Kitties），开发者是整洁实验室（Dapper Labers）。这是一款虚拟宠物养成类游戏，用户买猫之后养猫，然后生小猫，生出小猫之后就可以卖猫获得金钱。为了强调非同质化的特征，开发者为每只猫提供了256位的基因组，有显性基因和隐性基因，小猫会随机继承父母一方的基因。在游戏中稀有基因的猫能卖出好价格，所以玩家对稀有基因的加密猫十分痴迷，因为父母是稀有基因，生出来的小猫才有可能存在稀有基因。宠物养成游戏爱好者和"币圈"投机者一拍即合，加密猫最热闹的时候日成交额超过700万美元，少数稀有猫的成交价格甚至超过10万美元。不过这股热潮没有持续太久，2017年年底的项目，到2018年6月已经疲态尽显，加密猫均价从40美元跌到5美元。原因是这个游戏并没有限制猫的产量，当小猫产量增加，价格下跌就在所难免。

NFT在加密猫之后凉了很长一段时间，但2020年的疫情让NFT重获新生。和元宇宙一样，NFT针对的也是一些实际问题，举个例子：NBA应对新冠疫情的方式是做在线赛事直播，但对于NBA来说，转播虽然能够带来收入，但比赛是需要现场感和比赛氛围的，NBA急需找到新的突破口来实现创收。在加密猫项目上成功的整洁实验室针对NBA的需求，和NBA合作推出了NFT项目NBA Top Shop，该项目联合整洁实验室和华纳一起推出了公链项目Flow，于2020年5月底正式开启内测，2个月测试完成了120万美元交易。Flow将NBA球员的经典一刻制作成动图，然后加上边框装饰便成了数字球员卡，以NFT方式让这些数字球员卡具备独一无二的属性。NBA自身有比较强大的IP，NFT又赋予了稀缺性，Flow迅速获得NBA球迷的认可。产品迅速爆火，日活用户迅速增长到接近 30 万。

2020 年疫情带火的 NFT 项目不只 NBA Top Shop，菲律宾一款类似加密猫的游戏 Axie Infinity 也大受欢迎。Axie Infinity 和加密猫的不同点在于，Axie Infinity 可以通过对战来获得收益，2020 年，菲律宾很多老百姓生活艰难，Axie Infinity 成为他们养家糊口的途径，在养成游戏中实现收益。

随着 NFT 主导的养成游戏和数字藏品日渐火爆，NFT 技术的理念开始越来越深入人心，应用领域也逐渐向新的领域延伸，比如数字艺术品。

《每一天：前 5000 天》(*Everydays: The First 5000 Days*) 是迈克·温科尔曼（艺名：Beeple）的数字作品。实际上这位"画家"并不是专业艺术家，而是一个绘画爱好者，从 2007 年 5 月开始，他每天在电脑上制作一幅数字艺术作品，2021 年 2 月 1 日，他将这些数字艺术作品合成在一个作品上，并将作品以 NFT 的方式存储，佳士得最终以 6934 万美元买下了这幅画作。以此为起点，以 NFT 为确权方式的数字艺术品屡见不鲜，疫情防控期间，线下艺术品拍卖受到影响，即便是线上拍卖，艺术品的交付也对拍卖行形成挑战，但数字艺术品为拍卖行打开了新的思路。

NFT 相关项目案例非常丰富，例如 2D 像素风格彩虹猫卖出了 60 万美元，又例如"无聊猿"NFT 项目。当 2021 年元宇宙概念火爆之后，很多人开始考虑将元宇宙和 NFT 技术结合起来，其中比较有代表性的项目是虚拟地产。

NFT 技术和元宇宙

典型的虚拟地产元宇宙是 Decentraland 平台。本质上该平台运行的也是一款沙盒游戏，和其他沙盒游戏不同，Decentraland 的数字空间数量是有限的，整个游戏中有 90601 块地，玩家买下土地后可以闲置，也可以在土地上定制属于自己的虚拟建筑。玩家可以在自己的虚拟建筑内发布任务，发起游戏、社交、派对等活动，也可以播放广告。整个 Decentraland 有一个基于 NFT 的交易市场，其交易的并不只是土地，很多在游戏中由玩家设计的道具也嵌入了 NFT 合约，也可以在游戏中交易。游戏内的代币 MANA 也是一种虚拟加密货币。

Decentraland 吸引了很多猎奇的玩家参与，但实际上 Decentraland 真正的成功点在于，它吸引大量跨国品牌入驻其中，包括三星、阿迪达斯、雅达利、普华永道、摩根大通、苏富比拍卖行等都在 Decentraland 购买了虚拟地块，也包括很多球星、歌星。实际上这些品牌和明星购买虚拟地产并非只是为了炒作虚拟地产的价格，他们也是有自身的考虑：

一方面，品牌和明星通过元宇宙游戏来获得流量。很多品牌会将自己的虚拟空间设计成品牌体验店的模式，在自己设计的大厅中给玩家发布任务，这些任务的奖励一般是勋章，一定量的勋章可以兑换品牌自己设计的各类虚拟道具，比如游戏角色穿戴的虚拟服装。通过这些任务，很多品牌获得了诸多好处。比如，通过观看品牌广告的任务，品牌增加了展现量，比如品牌可以在虚拟服装中融入自己的设计理念，这样玩家角色在元宇宙其他品牌的场地中参与活动的时候，就能够实现品牌设计理念的传播。比如通过虚拟地块上建筑的设计来植入品牌设计理念，让更多玩家熟悉品牌。

另一方面，品牌和明星通过购买虚拟地产获得虚拟空间，可以解决一些问题。比如明星线上演唱会和见面会。疫情期间，明星线下和粉丝互动的活动减少，而虚拟地产平台为明星提供了线上演唱会、见面会的固定场所，且明星可以通过定制来强化粉丝体验。

综上，NFT形成的数字藏品的确存在一些泡沫，数字藏品泡沫很大程度上也和虚拟加密货币泡沫存在关联性。但NFT形成的数字藏品也存在广泛的应用空间，在元宇宙中，NFT的数字地产给品牌和明星提供了展示的空间，让艺术品的存储形式更加多元。在NFT的未来发展中，我们要取其精华去其糟粕，发挥NFT有益的一面。

元宇宙的经济系统由数字货币、数字资产、数字市场三方面构成，而普遍认为NFT将是数字资产确权的重要方式，NFT在虚拟地产上的应用，也客观上证实了NFT对于数字资产确权方面的可行性，有产权的数字资产才有交易流通的可能性，所以NFT技术对于元宇宙经济系统的形成意义重大。但需要关注的是，当前NFT和数字资产确权结合还存在一些亟待解决的问题：

其一，NFT 下的数字藏品实用性不高。NFT 最大的问题，就是绑定的很多数字资产实用性不高，NFT 本意是通过活跃的市场来鼓励用户创作创新。在 2021 年，大多数 NFT 都是一些宏大叙事，并没有实际落地的可能性，NFT 市场一直由"币圈"热钱支撑，投机分子成为 NFT 市场的主流，人们更加关心 NFT 数字资产的成交价格而非数字藏品背后的艺术价值和商业价值。

其二，NFT 的权属认证和原创性无关。你完全可以复制一幅值钱的数字艺术作品，然后通过加边框的方式略微修改，将他人艺术作品"转变为"自己的作品，以 NFT 技术获得数字资产的产权。NFT 解决了数字资产无限复制的问题，但没有解决数字藏品艺术模仿的问题，一旦出现了大量类似的供应，数字藏品的稀缺性也将迅速消失。

其三，NFT 和虚拟加密货币存在联动效应。原因是大部分 NFT 由虚拟加密货币来支付交易对价，虚拟加密货币价格一旦出现上涨，以此定价的 NFT 虚拟资产也往往水涨船高。而随着加密货币的回落，NFT 的泡沫也随之破裂。比较尴尬的是，由于很多 NFT 定义产品都是没有实用性的游戏道具，所以一旦数字藏品价格下跌，游戏的用户流量也会迅速下滑。所以很多 NFT 项目只是各领风骚几个月，并无持久力。

其四，NFT 存在立法困境。从政策层面，现阶段我国数字藏品二级市场交易尚未获得立法支持，甚至数字藏品一级市场和 NFT 结合也要获取区块链技术应用资质。若是要进一步推进 NFT 技术在元宇宙中的应用，则要在立法上进一步完善。

其五，国内缺乏官方主导的公链和联盟链。基于我国的实际状况，以国家主导公链和联盟链推进 NFT 应用较为实际。一方面区块链在数字资产产权认证方面存在巨大潜力，另一方面国外区块链平台对我国存在不可控和合规性上的问题。所以由官方提供区块链平台来推进智能合约应用是当前我国最为实际的办法。

综上，元宇宙中，NFT 技术和数字资产的结合是有必要的，但前路道阻且长。我们这代人的任务是为 NFT 未来应用打造好环境：其一是软件环境，从立法、规则、标准层面去建立数字资产确权制度。其二是硬件环境，比如建立一个公共、公益的区块链平台，以此为支点推动 NFT 和智能合约在元宇宙、数字资产等方面的应用。

再造一个人类经济社会

有了数字货币作为交易媒介，有了 NFT 对数字资产产权进行界定，虚拟世界的经济系统就基本形成了，但推动一个经济系统的发展，既需要人与人的互信体系，也需要经济监管机构来保证其稳定运行。

有人宣称可以利用区块链建立一个完全无管制的元宇宙，实际上这种做法是不可行的。所有游戏都应该有游戏规则，游戏规则是人类社会秩序的起点，也必然是元宇宙的起点。元宇宙最终会是一个契约型社会，而元宇宙中的契约大部分会以智能合约的方式来制定。智能合约的概念很早就被提出了，1995年，法律学者尼克·萨博（Nick Szabo）如此定义智能合约："一个智能合约是一套以数字形式定义的承诺，合约参与方可以在上面执行这些承诺。"简而言之，智能合约就是将合约内容转化为代码内容，并以代码语言来保证实施。在过去，智能合约一直没有找到实现途径，而区块链给智能合约应用提供了支持。在元宇宙时代，区块链技术将成为基础的智能合约达成交易的主流方式。

智能合约有很多优点，比如：

第一，规范透明。代码比人类语言更加清晰，代码是有逻辑性的，错误的代码往往无法执行，所以智能合约建立在具备逻辑刚性的代码基础上，必然更加规范，而区块链的广播机制也让合约履行过程更加透明。

第二，不可逆性和不可违约性。到期自动执行计划，任何人不能停止执行，任何人不能篡改合约。

第三，匿名性。匿名性的基础是加密技术。区块链中的交易过程是透明的，但交易对象可以通过加密技术来匿名执行，此举可以有效保护合约双方的隐私。

本质上说，无论是虚拟加密货币还是NFT，它们都是通过智能合约来实现的，智能合约能够将元宇宙建设成高效的契约型社会。但值得注意的是，智能合约也存在一些亟待解决的问题，在元宇宙未来形成过程中，我们要了解智能合约的优点，也要正视智能合约所带来的问题，这些问题包括以下几个方面：

其一，安全性和透明性不可兼得。比如比特币本该是一个透明的货币，但为了保护交易者隐私，设置了非对称加密技术，而现实情况是，为了保护隐私的加密技术也让比特币成为暗网交易和洗钱交易的违规货币。智能合约的安全性和透明性不可兼得，需要权衡利弊。

其二，现实世界的合同履约并非刚性，而智能合约过度刚性。法律方面，我们存在无效合同、可撤销合同、可撤销承诺等。诸如法律上损害国家利益、损害第三方利益的合同当然无效，无民事行为能力人签订的合同可撤销。而智能合约并不能辨别合同的种类，它会强制合同执行。所以智能合约的这种模式只是保证了合同最终的履行，对于合同本身的合法性、合理性并没有判断能力。

其三，智能合约履约的部分条件需要人力输入，这样就有了篡改的可能性。智能合约是一种代码约定，合同执行条件很多是依赖于信息输入的，当智能合约履约信息中包括现实世界信息的时候，则存在信息输入是否真实的问题。比如自然灾害下，紧急避险条款能够让合同免于执行，而智能合约并不能用代码去发现自然灾害，需要交易双方来输入发生自然灾害这个信息，而输入过程一旦涉及人为,则存在篡改的空间。

其四,代码瑕疵、代码漏洞,以及更高的智能合约订立门槛。即便是"大神级"的程序员,在书写代码的过程中也会出现Bug,一旦出现瑕疵,智能合约就不能按照交易双方的最终目的得以履行。另外现实世界的合约协议需求是多元化的,这就使得智能合约在订立的时候有很高的门槛,不能被广大普通用户熟练掌握。

综上,智能合约将作为元宇宙经济系统的底层支持系统,未来将被广泛应用于解决元宇宙中陌生人之间的交易、协作问题,无论是数字资产交易,还是保险、抵押、供应链追踪,都可以通过智能合约来实现。

元宇宙经济系统由数字货币、数字资产、数字市场构成,具体看,元宇宙经济系统包括央行发行的数字货币、基于NFT技术认证的数字资产、基于智能合约技术的数字市场。但这里还有一个问题,数字市场是否只是一个契约问题?以契约定义数字市场,总体上过于单一,合同契约对于形成数字市场非常重要。

首先,元宇宙需要技术和社会层面双重立法。元宇宙的规则分为技术规则和社会规则,也就是说,元宇宙的技术规则是人为制定的,所以,我们要对元宇宙技术规则和社会规则进行分别立法。笔者认为,在技术规则方面应该采取技术社区团体和政府机构联合监管的模式,因为技术社区的观点也不能代表所有元宇宙用户,懂技术的元宇宙玩家毕竟是少数,若是只让技术人员主导元宇宙规则,少数技术上的意见领袖有可能将元宇宙引入技术"歧途"。所以政府需要代表公众给予元宇宙一定的监管,并对元宇宙技术演进方向给予一定的把控。

其次,元宇宙的社会规则和现实世界的社会规则存在规则冲突。元宇宙的社会规则很可能采用共识机制,元宇宙内部的纠纷往往以群体共识的方式来解决,比如对于以太坊硬分叉问题,当意见不能统一时,以太坊就分裂为两种货币。在元宇宙,社会规则的改变可能会导致元宇宙内部的分裂,而在现实世界不会出现这些分歧。所以元宇宙的社会规则要和现实世界的社会规则做一定的区分,并非现实世界社会规则的简单移植。

最后,元宇宙需要注意内外的数据安全问题。元宇宙内的数据安全需要由技术来处理和防范,但元宇宙之外还有一个数据安全问题,因为数据存放在现实世界的服务器,所以元宇宙内的数据安全规则要和元宇宙外的数据安全规则相互融合。

这个世界没有绝对的去中心化,规则和秩序才是人类社会稳定的基础,这点在元宇宙发展过程中是无法回避的。元宇宙的发展,应该像道路行车那样,先有道路上的"标线标识",再有"车水马龙"。规则越是完善,未来的不确定性就越低。由于元宇宙未来将深度绑定我们的财富和社会关系,所以我们不能冒险走先发展后治理的路子,因为很可能最终会变得无法治理。

第四章

元宇宙带来终端革命

终端，是互联网虚拟世界展现的出口，是网民和互联网交互的重要工具。互联网终端的发展，可以分为三个阶段：第一个阶段是PC时代，PC是互联网时代的起点。第二个阶段是智能手机时代，又叫作移动互联网时代，iPhone是智能手机时代的起点。第三个阶段是万物互联时代，我们将智能手机的操作系统嵌入传统设备当中，嵌入家电就是家用物联网，嵌入收款机就是商用物联网，嵌入汽车就是智能车联网。所有的嵌入，本质上是添加三个功能：其一添加智能，其二添加联网功能，其三添加终端交互功能。

元宇宙将赋予用户更加真实的沉浸体验感，这种沉浸体验感不会凭空产生，需要通过终端变革来实现。业界普遍认为XR技术（AR/MR/VR）和脑机接口技术将为人类提供更加真实的元宇宙体验。而智能手机之后，XR技术当前的可见度正在提高。

在2022年年中，XR技术尚在萌芽阶段，但业界已经对其未来发展信心满满。

在国内，XR技术有着不同寻常的意义，当前国内很多地区发展元宇宙的口号中，最多被提及的元宇宙技术是VR技术，很多地方政府将 VR 等同于元宇宙。为何 XR 技术在国内元宇宙发展中具有如此高的地位？是因为 XR 属于电子消费品终端，我国在电子消费品领域硬件强于软件，而作为硬件终端的 XR 如果得以普及，也必然带动我国电子制造业的发展。过去 10 年，我国制造业在智能手机上大获成功。未来 10 年，制造业很可能在 XR 设备上续写辉煌。

元宇宙时代的"王者"终端

XR 指扩展现实技术，是 VR、AR、MR 三者技术的统称，而 VR、AR 和 MR 是三种不同的概念。

VR 技术是虚拟现实，可以理解为在虚拟世界中创造出现实世界的感受。VR 往往需要利用计算机模拟出一个虚拟世界，在虚拟世界中，VR 给人提供视觉、听觉、触觉等感官刺激，并试图通过模拟感知的方式来欺骗人类的感知系统。当前比较普遍的设备是 VR 头显，但元宇宙时代，头显的体验肯定是不足的，因为头显只是给予了视觉和听觉的体验。在科幻片《头号玩家》中，VR 技术通过一套完整的感知服来提供更加真实的触觉，比如在元宇宙中遭遇击打，现实中也会通过感知服获得一定的痛觉，这个痛觉并不致命，但会让人感觉更加真实。现实中的 VR 头显也在不断完善，比如配合 VR 头显的触觉感知手套、感知手柄。

AR 技术是增强现实，可以理解为在现实世界中增加虚拟世界的元素。比如现实世界是一张空荡荡的桌子，用户戴上 AR 眼镜，桌子上就出现了小兵，出现了坦克、飞机，虚拟和现实交织在一起。所以 AR 可以看作是在现实世界嵌入虚拟元素，VR 可以看作是在虚拟世界嵌入现实感知元素。

MR 技术是混合现实，是 AR 和 VR 的混合，但 MR 更加接近 AR，MR 在虚拟和现实之间搭建了一座桥梁。对于 MR、AR 和 VR 之间的区别，我们可以简单举个例子：如果我们戴上眼镜，只看到一个虚拟的网球和网球拍，可以用网球拍击打网球，那么这就是 VR，这个虚拟世界中没有任何现实元素。如果我们戴上眼镜，看到一个现实中的网球拍和一个虚拟的网球，但现实网球拍不能拍虚拟网球，此时虚拟世界中有现实元素，但只是简单地叠加，那么这就是 AR。如果我们戴上眼镜，看到一个现实中的网球拍和一个虚拟的网球，现实网球拍可以击打虚拟网球，让网球动起来，那么虚拟世界中有现实元素，且能够形成互动，这个就是 MR。

MR 和 AR 更加接近，因为不用缔造一个完整的虚拟世界，MR 和 AR 中都结合了虚拟元素和现实元素，但 MR 功能更加强大，能够和现实世界的物体形成互动。MR 能够解决很多现实问题，比如在工业元宇宙当中，设计师就可以通过 MR 手捏产品模型，手是 MR 的现实元素，而形成模型的各种元素是 MR 的虚拟元素。用手可以将这些虚拟元素直接改变,就好像捏橡皮泥一样。

VR 和游戏关联更加紧密,需要一个完整的虚拟世界来运营。由于元宇宙本质是游戏,所以 VR 和元宇宙的距离更加接近,描绘元宇宙的科幻小说大多将虚拟世界和现实世界完全割裂开,大部分人也认为元宇宙应该是平行于现实世界的虚拟世界,既然是平行,那么现实世界和虚拟世界就应该是两个世界。VR 完全是虚拟世界的应用,而 MR 是将现实和虚拟两个世界融合起来。

VR 和 MR 在未来元宇宙时代将实现共存。现实是唯一真实的东西,元宇宙需要和现实世界融合,解决现实世界中的问题,所以 MR 和 VR 只是在元宇宙时代具备不同分工罢了。当下,VR 更加贴近和适合元宇宙职工游戏和社交应用环境,而 MR 在工业元宇宙中应用得更为广泛。

元宇宙潜在的输入输出终端并非只有 XR,智能手机和 PC 当前依然是互联网终端的主流,还将长期占据消费者市场。而在遥远的未来,脑机接口和元宇宙的结合也存在可能性。在电影《黑客帝国》等影视作品中,进入虚拟世界的人类需要在神经系统中插入一个插头用来连接元宇宙,这个插头一般认为就是脑机接口。相比于通过 VR 来模仿现实感受,通过脑机接口直接给予神经刺激效果可能更好。只不过脑机接口的技术尚未落地,脑机接口对于人类来说更像个功能有限的拐杖,诸如可以帮助盲人在脑中形成眼前事物的大致轮廓,从而获得基础视力。当然,随着人类脑科学认知的提升,未来可以通过脑机接口直接传递各种神经信息，这样人类在虚拟世界的体验将更加真实，信息获取也会更为直接。

克服眩晕，VR 破局

VR 是元宇宙的重要入口，根据互联网数据中心（IDC）数据，2021 年全球 AR/VR 头显出货量达 1123 万台，其中 VR 头显出货量达 1095 万台，突破千万台销量意味着 VR 即将迎来行业拐点。但 VR 一直有个重大的推广瓶颈——长时间使用会导致用户眩晕。

人类接受信息靠的是感知系统，俗称"五感"，包括嗅觉、味觉、听觉（含位觉）、视觉、触觉，这些感知是人类的信息来源，是人类认知形成的基础。人类大脑是各类感知信息的处理器，在人脑处理感知信息的过程中，如果所有感知系统获取信息充分且一致，感知信息之间相互印证，那么对于人脑来说感知信息处理是一个顺畅的过程，体验也最真实，感觉最好。比如你看见一碗红烧肉，视觉是诱人的画面，嗅觉闻到了香味，送到嘴里味觉感受到鲜味。这个过程中，各个感官虽然获取信息内容不同，但是多个感官获取的信息相互印证，你的大脑马上得出了"红烧肉好吃"这个结论。但如果我们"五感"获得的信息不足，甚至相互冲突，我们的大脑会用主动和被动两种方式来解决问题：主动的方式叫"超感知"，被动的防御机制则叫"眩晕"。

其一，五感信息不足，超感知及时补位。超感知也被称为第六感，也有人认为这是一种预知能力，颇具神秘感。但笔者认为超感知是一种脑补能力。人类区别于其他动物的关键特征是人类具有想象力，又或者说是对抽象事物的理解能力，基于这种能力，我们可以通过脑补来补足感知信息获取的不足。就比如我们在电视上看到一碗红烧肉，我们从视觉画面获取视觉信息，从演员吃红烧肉的"吧嗒"声来获取听觉信息，继而通过超感知脑补我们自己吃红烧肉的画面。感知系统获取的信息量越低，脑补的能力越强，神话就是如此产生的，看到一朵云彩，我们联想出了神仙妖怪。

其二，感知系统信息冲突会导致副作用，比如眩晕。如果感知获取的信息很充分，但是感知信息获取之间没有相互印证，而是相互冲突的状态，人就会感觉不适。比如晕车就是个典型的例子，人类感知平衡的位觉器官是耳朵里的耳石，位觉是听觉的组成部分，晕车就是因为听觉系统通过耳石向人脑传导了"人体正在发生位置移动"的信息，而视觉却因为对车内静止物体的观察，向人脑传导了"人体在一个静止的状态"的信息。人体的视觉和听觉出现了信息冲突，且信息获取非常充分，于是感知冲突让人脑产生了暂停现有一切活动的想法，于是人脑用眩晕来发出警告。

PC 和智能手机屏幕给予人类视觉的信息十分有限，但也并非一概而论，某些比较激烈的 FPS 游戏也会导致眩晕，在 FPS 游戏中视觉接收的感知信息是动态的，玩家在游戏中高速移动，而你的身体却老老实实在椅子上，是静止的，视觉和位觉出现了冲突，时间稍久就会有眩晕感。

相比于 PC 和智能手机屏幕，VR 头显给予视觉的信息更加充分，感觉更加真实，所以 VR 视觉和耳石位觉之间的冲突就被进一步放大，眩晕情况就更加普遍。不仅如此，VR 头显在运动画面中的卡顿会进一步放大眩晕感。眩晕本身是人脑的一种保护机制，其目的就是要人停下来，所以卡顿会让人脑接收到更加混乱的感知信息，不得不做出更加强烈的应激反应。

VR 头显的眩晕感阻碍了 VR 设备的普及，然而解决眩晕感也有一些办法：

其一是设计不动的游戏，游戏内移动全部靠闪现。如果画面上我们在原地，现实中我们身体也是静止在原地，那么就不会眩晕。但从用户习惯来说，人们更加希望来去如风的游戏模式，而不是坐着打靶。

其二是设计晕影。就是在 VR 上加上一个黑框，VR 之所以眩晕感强烈，是因为 VR 的视觉信息太过充分，电脑屏幕之所以很少导致眩晕，是因为电脑屏幕没有覆盖我们全部的视界。所以只要将 VR 头显视界缩小，就能缓解眩晕。所以可以在 VR 视界中加上黑框，让用户感觉是用望远镜接收画面。此时由于视界被遮挡，视觉接收信息并不充分，就不会和位觉器官发生感知信息冲突。

其三是设置多向跑步机。《头号玩家》中就有这么个设备：可以向各个方向跑步的跑步机，这样你玩游戏的时候就和画面同步，你的位觉感知和视觉感知同步。但问题在于，使用配备多向跑步机的 VR 对于玩家来说又贵又累，多向跑步机需要数万成本，而在跑步机上玩 VR 和在现实中奔跑强度是一致的，头是不晕了，但体力却无法支撑你持续玩游戏。

其四是降低画面延迟并进行训练。人类的感知系统也有适应能力，也可以通过逐步加压的方式来适应 VR 系统，而在适应的同时，要降低画面的延迟感。因为人类的适应能力也是害怕瑕疵的，视觉画面卡顿是一种随机性现象，这会破坏人类辛苦建立起来的视觉、位觉和人脑建立起来的平衡，让你的 VR 训练成果付之东流。

综上，人类一方面不满足于 PC 端和智能手机端信息不足的体验，另一方面又因为 VR 过于真实的视觉感知体验而产生了眩晕不适感。聪明的游戏企业采取了折中方式，比如 VRChat 这个游戏自称是 VR 游戏，但实际上大多数玩家是在 PC 端进入这款游戏。Meta 的 Horizon Worlds 至 2022 年年中还是坚持打造 VR 应用平台，玩家智能用 Quest 头显设备进入 Horizon Worlds，但笔者认为未来 Meta 会开放 Horizon Worlds 的网页版和移动版应用，从而让 Horizon Worlds 适合 PC 端玩家和移动手机端玩家。之所以如此判断，是基于两个因素：其一是 Quest 头显性能限制了 Horizon Worlds 同时在线交互人数，在社交方面不能充分发挥作用。其二是 Quest 头显依然没有完全解决眩晕感的问题，这大大限制了 Horizon Worlds 中运动类应用的开展。所以，预期未来 Horizon Worlds 会做出妥协，利用智能手机和 PC 上的应用版本来做大用户基数。

未来 VR 如何发展？所有的感知体验提升都需要花钱研发，但首先需要解决的是视觉和位觉之间的不一致性，是减少玩家眩晕感。当然，我们也不必对 VR 在元宇宙时代的应用担忧。毕竟不是所有人都在玩射击游戏，我们也可以通过 VR 画画，设计艺术品，造房子。当前用 VR 作画的艺术家正在增多，VR 的 3D 作品表现力比纸张上的画好很多，VR 对于艺术创作带来的变革已经是革命性的。比如法国画家 Anna Zhilyaeva 的绘画作品因效果惊艳而大受欢迎。在欣赏其绘画作品时，观众宛如进入绚丽的梦境，3D 画作能够更好地表达作品的空间感和呼吸感，而在 2D 绘画时代，空间感和呼吸感全靠画家通过抽象的方式表达出来。随着绘画革命的到来，未来缺乏空间表达能力的画家很可能被淘汰。

透镜难做，MR 突围

AR 和 MR 在使用上有一些共同点，它们都是虚拟世界物品和现实世界背景之间的融合，所以 AR 和 MR 都需要有一块透镜，让现实世界的影像投射到视界之上。而 VR 头显是封闭式的，不需要在虚拟世界中添加现实世界元素，所以 VR 需要的是一块屏幕而不是透镜。

MR 的技术演进

AR 进入人们视线的时间比 VR 更晚，VR 在 20 世纪 90 年代就已经出现，而 AR 第一次进入消费者视线，是 2012 年 4 月谷歌推出了谷歌眼镜（Google Project Glass）。谷歌眼镜结构简单，一个摄像头，一个芯片处理器，结合安卓 4.0 的操作系统，可以实现声控拍照、视频通话和 GPS 指路等功能，谷歌眼镜通过将数据和信息投射到人眼视界的方式，来为人们的工作和生活提供帮助。

谷歌眼镜的显示技术是典型的抬头显示（HUD）技术，微型投影仪先是将光投到一块反射屏上，而后通过一块凸透镜折射到人体眼球，实现"一级放大"，在人眼前形成一个足够大的虚拟屏幕，可以显示简单的文本信息和各种数据。如果你觉得技术表述过于抽象，可以想象一个场景：文本信息和数据在汽车的前挡风玻璃上显示投影。

不过谷歌眼镜在 2015 年就退出了市场，退出原因是不够实用，没有成为一个现象级的产品。继而，AR 的故事线来到了 2016 年 7 月，一款《宝可梦 GO》的手机 AR 游戏开始风靡全球，玩家可以通过摄像头在现实世界中捕捉虚拟的宝可梦小精灵,捕捉的宝可梦小精灵数量越多,品质越好,玩家的实力就越强。这款游戏一度引发玩家狂欢,玩家纷纷走向户外,在商场、公园、山间小路捕捉宝可梦小精灵。但这款游戏也造成了一些问题,由于玩家在捕捉宝可梦小精灵的时候普遍需要打开实景拍摄和 GPS 定位,这就透露了位置信息,对很多国家的国防造成了重大压力,进而被多国叫停。但《宝可梦 GO》的确可以称得上是一款现象级游戏产品。通过《宝可梦 GO》的尝试发现,AR 不需要通过透镜来实现,智能手机通过摄像头摄录现实画面,AR 则通过人工智能技术匹配虚拟元素,技术的相互结合或许能碰撞出新的火花。之后 AR 技术在智能手机领域获得广泛应用,很多智能手机开发者将 AR 内置入摄像头,以 AR 技术对智能手机拍摄功能进行优化。

  AR 和智能手机的契合度很好,在现实的照片中加入虚拟元素,能够让手机拍摄内容更加有趣。但智能手机上的 AR 应用也有缺陷,手机摄像头画面的确可以摄录现实元素,但摄像头拍摄和显示器显示存在延迟,画面会比现实看到的更慢。缺乏实时性画面对于静态 AR 应用没有问题,但对于动态的体验就不够完美。况且,智能手机在应用过程中没有解放双手,用户拿着手机拍摄,那么双手就被束缚,没有办法做更多的互动。于是,在 AR 的基础上 MR 眼镜逐渐发展起来,很多 AR 企业逐渐转向 MR 眼镜研发。比如 Hololens(微软旗下)、Magic Leap 等都是有代表性的 AR 企业,它们也都试图将自己的 AR

技术升级为 MR 眼镜应用。

  VR 头显在游戏类应用中使用更为普遍，且正在步入普及阶段，虽然眩晕问题尚未解决，但 VR 头显的消费者已经能够接受初级产品。当前最有名的 VR 头显就是 Meta 的 Oculus Quest 头显，2021 年，VR 头显突破千万级销量，其中八成是 Oculus Quest 头显的市场份额。而 MR 眼镜却迟迟无法进入消费市场领域，谷歌眼镜败退之后，AR 应用大多数局限在智能手机端，而大多数 MR 眼镜开发者已经放弃了 C 端消费市场，转而将 MR 眼镜打造为 B 端企业的生产工具。MR 眼镜制造商利用 MR 能够和现实世界物体互动的特性，结合数字孪生技术和人工智能技术，推动 MR 眼镜成为一种多功能的生产工具，比如医疗辅助、3D 建模、岗前技术培训、工业维修辅助等。

  相对于 VR 头显，MR 眼镜具有更高的技术难度。

  MR 眼镜技术难度最大的是透镜，使用眼镜时，要通过显示虚拟物品看得到现实物品，这个功能需要一枚透镜来实现，这枚透镜透过现实光线的能力要好，同时也能够将虚拟物品投射到视网膜上，也就是说，透镜还不能阻挡虚拟物品影像的投射。

  MR 眼镜技术也需要 AI 技术。比如利用双手来捏一个模型，模型的素材是虚拟的，而双手是真实的。让真实的双手抓握、揉捏虚拟的素材存在很多技术难点。在 VR 头显设备中，手部手柄实际上和头显设备之间是用相对位移来实现和虚拟世界的同步，手部动作的精度要求并不需要很高。但对于 MR 眼镜来说，其很多应用是工业设计，精准度是刚需。所以，AI 技术在 MR 领域的应用十分广泛。比如当手部轮廓和虚拟物品影像重叠的时候，AI 可以让素材形状发生相应的变化。当前 MR 眼镜大多采用骨扫描技术，即将人类的手转化成骨架，戴上配套 MR 手套之后，可以更好地解读手部动作和用户意图。

由于 MR 眼镜是面向 B 端的工作平台，用户需要长时间佩戴 MR 眼镜来完成工作，所以 MR 产品必须轻量化以减轻颈椎的负担，轻量化又反过来对芯片、透镜、投影设备等硬件提出了很高的要求。

另外，MR 眼镜的技术难题还在于缺少合理的光学组合器件来展现完美的视觉效果，MR 眼镜实现 3D 画面的视觉方案主要包括光波导技术和光场技术，其中光波导技术视网膜投射效果不佳，3D 画面失真较为严重，而光场技术研发门槛又比较高。

对于 MR 眼镜的视觉技术来说，光波导技术实现难度较低，已经成为 MR 的主流光学技术。当前主流 MR 厂商都是采用光波导技术，该技术主要是将激光成像通过多面玻璃折射，最后投射到视网膜上，采用光的全反射原理，"平行光进、平行光出"，要求光线传播过程中无泄漏、无损失。光波导优点在于增大眼动范围，成像系统旁置，采用该技术的眼镜更符合使用者习惯。另外光波导通过多层波导片堆叠也能实现仿真的 3D 图形。而光波导的缺点在于，光在反射、折射过程中有损耗，光线亮度低，衍射导致的色散会出现"彩虹"和"光晕"等问题，而在制造过程中，光波导技术的镜片良率低。

对于 MR 眼镜的视觉技术来说，光场技术实现难度较大，光场技术是在光线采集过程中就捕捉每束光线的方向信息，再利用数字建模重建一个接近真实世界的虚拟场景。光场技术在 VR 头显领域能够大大改善用户体验，但在 MR 眼镜领域则体验不佳。因为 VR 头显是封闭的，不存在漏光的问题，每一道光线都按照指定方向传播，而 MR 眼镜是开放的，其光场受到外部光线干扰较多时，会有折射和散射。但也不是没有解决办法，有人认为可以将 MR 也做成封闭产品，利用摄像头来采集现实物品的影像，通过 AI、光场等技术的处理，最后将需要的画面呈现给用户。但这样的话，就又回到了画面延迟这个问题上来。所以，光场技术在 MR 领域应用并不普遍，但依然有企业在尝试。

探索 MR 眼镜的消费市场

MR 眼镜主要应用于 B 端而非 C 端。这是因为消费场景中环境光线往往比较复杂，而 MR 眼镜很难应对复杂的外部环境。但在消费级 MR 未来可能迎来转机。苹果公司在消费电子领域经营一向稳健，从 2017 年起，苹果推进了 ARKit 开发者应用工具的普及，这款应用是帮助开发者在 iPhone 和 iPad 上打造 AR 应用。而有消息说，苹果正在研发一款 MR 眼镜设备。鉴于苹果在电子消费品领域拥有诸多技术和经验，业界普遍认为如果苹果 MR 眼镜落地，可能会让 MR

眼镜在消费市场打开局面，激发 C 端的用户需求。

MR 眼镜支持下的元宇宙和现实世界有更多交集，MR 眼镜在未来应用中更像一个生活、工作方面的辅助工具，将元宇宙中的虚拟元素带入现实世界的场景当中。比如在线下超市零售购物场景中，当你拿起一个商品，MR 眼镜会跳出大量关于这个商品的附加信息，或者推送关于这件商品的一段广告；当你将商品丢进购物车，MR 会跳出购物车中物品的清单。比如在商务场景中，MR 眼镜可随时调出待办事项和备忘录，将其投射到视界的一角。比如在旅游场景中，景点光秃秃的石头上可能会坐着一个小精灵，又或者在沙漠景点一头鲸鱼从沙堆里一跃而起，泛起大量水花，给人以清凉体验。这些基于 MR 的创意能够让旅游过程更加有趣、有料。比如在社交场景中，脸盲用户佩戴的 MR 眼镜会提醒用户熟人就在附近，并跳出关于人物的备注信息。

MR 眼镜是连接现实世界和虚拟世界的一条纽带，将现实和虚拟结合起来，在未来，MR 将给人类社会添加更多虚拟元素，从而将元宇宙延伸到现实世界。现阶段 MR 多用于 B 端工作场景，未来 MR 也可以作为元宇宙制作数字资产的工具。元宇宙是由用户提供内容的，元宇宙中的高楼大厦都由用户制作，那么用户怎么制作呢？如果元宇宙中的物品制作需要用到复杂的 3D 建模工具和游戏引擎，那么对于用户来说门槛无疑是很高的，但如果我们可以通过 MR 直接捏出一个虚拟物品，那么这个物品的制作门槛将大幅度降低。比如在元宇宙中我们需要一个建筑，并不需要遵循力学原理，完全可以将建筑捏成一头恐龙，然后将这条恐龙放大放入元宇宙的虚拟地产上。

MR 眼镜当前依然在起点上，路漫漫其修远兮，但 MR 眼镜的未来技术目标是很明确的，随着算力提升和光学投影技术的日趋成熟，相信未来我们会获得更加成熟的 MR 产品。

元宇宙终端革命能否到来

从 2007 年苹果发布 iPhone 以来，到 2022 年已经有 15 个年头。根据旭日大数据统计，2007 年 iPhone 出货量为 139 万部，到 2015 年 iPhone 出货量为 2.31 亿部，2007—2015 年复合增长率大约为 90%。而根据 Canalys 数据，2021 年 iPhone 出货量为 2.39 亿台。这些数据表明，iPhone 在 2007—2015 年是需求爆发期，在 2015—2021 年是需求瓶颈期。根据 IDC 数据，2015 年全球智能手机总出货量为 14.33 亿部；而根据 Canalys 统计数据，2021 年全球智能手机总出货量为 13.5 亿部。这些数据表明，不只是 iPhone，整个智能手机产业在 2015—2021 年需求不增反降，进入瓶颈期。

突破瓶颈，再创辉煌

智能手机终端需求的下滑，让科技巨头很头痛。过去15个年头里，互联网巨头、消费电子制造商、通信制造商的繁荣都是依赖智能手机的普及，而如今智能手机需求饱和、红利见顶，围绕智能手机的这些企业巨头也成了"热锅上的蚂蚁"，它们急于找到新的增长点。后智能手机时代，大多数科技巨头采用三种方式来应对智能手机需求瓶颈。

第一种方法是建设软件、硬件生态。如果智能手机硬件需求上不去，那么可以从两个方面着手：一方面是增加智能手机关联硬件，前几年诸如智能手表、蓝牙耳机、无线充电、智能音箱、智能家电等，你方唱罢我登场，通过万物互联的方式，将各种硬件纳入智能手机生态当中，当前大多数手机巨头，包括苹果、三星、华为、小米等，它们都将智能手机和大量智能终端结合起来，形成以智能手机为关键入口的系列物联网产品。另一方面是增加智能手机的应用，手机巨头每年召开开发者大会，激发开发者的创新热情，智能手机的核心功能不是通信，而是其应用商城里面浩如烟海的App，可以说，得应用者得天下。2015—2021年苹果公司iPhone销量遭遇瓶颈，但同一时期苹果公司市值和业绩继续保持高速增长，主要原因就是苹果公司在硬件、软件生态方面搞得风生水起。

第二种方法是通过智能手机迭代缔造需求。在智能手机之前，互联网的主要终端是PC，PC的迭代遵循摩尔定律，即集成电路上可以容纳的晶体管数目在大约每经过18～24个月便会增加一倍，一台电脑的领先优势一般只能维持两年。智能手机在2007—2015年也高速迭代。智能手机巨头在屏幕、摄像头、屏下指纹锁、用户界面（UI）特色等诸多方面展开竞争，试图引导消费者主动更换新手机，从而缔造智能手机需求的增量。但从2022年年中这个时间节点看，这种做法有些行不通了：一方面，智能手机采用最顶尖的芯片，而芯片制造的摩尔定律正在步入物理极限，芯片迭代的速度越来越慢，手机巨头竞争的配件性能，却并不是智能手机用户的主要诉求，比如折叠屏，折叠屏的确是个很好的技术，但用户对于折叠屏并非刚需；另一方面，智能手机迭代的因素是应用，而不是硬件和基础设施，虽然通信网络已进入5G时代，但消费者依然在用4G手机，究其根本是当前没有重磅应用，4G手机能够玩的游戏，没必要换个5G手机来运行，很多消费者依然在使用数年前的智能手机，且并无感觉不适。

第三种方法是以新的消费终端取代智能手机。PC曾有数十年的红利期，继而是智能手机。互联网产业的繁荣是靠一轮又一轮消费电子终端的接力跑，那么可不可以用新的消费终端来代替智能手机？即万物互联，将所有耗电的终端全部纳入到互联网，实现联网化和智能化，但万物互联当下的主要设备入口依然是智能手机，原因还是应用，很多设备主功能是有限制的。例如我们让烤箱联网化和智能化，结果消费者只是用智能语音去操控烤箱开关、设定烤箱温度，而不会用烤箱去打游戏，也不会用烤箱去办公，因为烤箱是做饭用的。而与烤箱不同，智能手机和 PC 能够融合大量应用，可以玩游戏，可以社交，对于很多人还是生产工具。万物的智能物联在消费领域的确出现了大量智能终端，不过笔者认为这些终端改善了功能，但不能算是互联网的新入口。

综上，实际上方法一和方法二是当前主流手机巨头实施的策略，未来也依然将主导消费电子市场。而方法三用新的消费终端代替智能手机是一条漫长的道路，至今未有显著成效。很多人认为在元宇宙时代，XR 将承接智能手机的辉煌，成为下一代入口级智能终端。

为什么是 XR

有这么几种智能装备曾被认为能够取代智能手机——智能音箱、智能手表、智能电视、智能平板、蓝牙耳机等，但是这些智能装备虽然获得市场青睐，但难以成为入口级终端：蓝牙耳机和智能音箱的问题在于没有画面，当"屏读"成为互联网的标配时，只有语音没有画面感的终端无法成为入口；智能电视和智能平板有"屏读"，但不够便携，太笨重，过去我们出门要带现金、钱包、钥匙、手机，而今这些都被整合进了智能手机，出门什么都可以不带，所以智能电视和智能平板相对于智能手机优势并不显著，无法成为入口；智能手表因为屏幕太小,确切地说是视界比较窄,能放下的应用很少。

综上,如果一款智能设备要替代智能手机,我们需要什么?其一,我们需要设备够轻便,可随身携带。其二,我们需要大屏幕,或者很大的视界。其三,应用功能要丰富,能够解决所有工作、学习问题,也要有游戏性能。

回过头来看:

在轻便上,XR 的奋斗目标的确是轻便,无论是 VR 头显,还是 MR 眼镜,最终的目标是你能带出家门,甚至于在便利性上,MR 眼镜相对于智能手机来说更便利,因为可以释放双手。

在视界上,通过将视觉影像投射到视网膜的方式,视野变得更开阔,所以 MR 眼镜和 VR 头显视觉感受比"屏读"更好。

在游戏性上,XR 本身就为游戏性所准备,其游戏内容正在逐渐丰富。射击、社交、投石车、投篮等小游戏已经可以通过 VR 头显进行。

可以说,XR 具备成为一个入口级智能终端的大部分条件,但是 XR 设备还是有其缺陷:

其一,XR 应用丰富程度较低。未来对于 XR 应用的内容还需要更加丰富,甚至于当前 XR 的使用体验还有很大空间。

其二,VR 和 MR 之间并不兼容。VR 是封闭式头盔,针对虚拟世界;MR 是开放式眼镜,针对现实世界和虚拟世界的结合。而为了不同的目的,我们不得不在功能上切换,或者不得不购买两套设备。如果可以整合的话,综合体验会好很多。

其三，XR需要更好的通信基础设施，也需要能耗更低、性能更好的芯片来提高性能。在通信基础设施上，当前5G网络依然无法完美支持XR充分发挥性能水平，未来可能需要6G。而在终端芯片方面，较高的显示分辨率往往要求性能更好的显卡芯片，而高性能显卡很显然会增加设备重量。

综上，我们发现XR设备的普及还有很长的路要走。根据IDC数据，2021年全球AR/VR头显出货量1123万台；根据Canalys数据，2021年全球智能手机总出货量为13.5亿部，智能手机出货量是AR/VR头显出货量的120倍。元宇宙是否真的需要XR设备来匹配用户需求？个人认为现阶段条件还并不成熟，XR从玩具到入口还要经历很长的时间。在当下，我们对于XR有三点判断：

其一，未来很长时间，元宇宙的入口还是智能手机和PC。XR设备在元宇宙早期将是边缘化的存在，大多数元宇宙应用，或者现在限定用VR的Horizon Worlds，未来将是XR设备和智能手机、PC共存的状态。而这客观上要求元宇宙应用在设计之初就设定多平台的运行环境。

其二，XR并非元宇宙入门终端的必然选择。很多人之所以认为XR是元宇宙入口，一方面是受了科幻小说的影响，另一方面是当前相对于其他智能终端，VR在消费市场更为普及，2022年VR头显销量超过千万级别，一个智能终端一旦突破千万销量，则往往意味着其进入加速阶段。

其三，XR 领域最缺的，是应用。XR 的应用制作难度较大，即便对于开发者来说，开发一个 VR 游戏也是有挑战的事。

综上，中国在发展元宇宙的过程中，应该将 XR 作为储备技术。试图开拓元宇宙的企业巨头，应该着手去解决 XR 的技术难点。当前国内 XR 产业有一些浮躁，一些没有技术背景的资本也大举进入 XR 设备领域，想要站在风口，这是不理性的行为。我们要认识到，虽然元宇宙需要 XR 设备，但现阶段 XR 设备并没有达到完善的状态。

第五章

元宇宙住民的多元形态

元宇宙的社会将比现实世界的社会更加庞大。元宇宙中存在的将不仅仅只有人类。生物人、电子人、数字人、虚拟人、信息人等都将成为元宇宙的"原住民"。现实中，这些概念往往会让人产生混淆，为了让读者清晰我们在探讨的内容，我们首先需要捋顺这些概念：

生物人是人类自身，我们只是在元宇宙中切换不同的身份，但这些身份的背后都是我们人类本身。

电子人是人和机械的结合。人类脑部接入脑机接口，身体由机械骨骼实现强化，通过这些工具人类在认知和体能方面将进入全新阶段。

数字人从狭义方面理解，是信息科学和生命科学的融合，对人体形态和功能进行仿真，也可以理解为仿真人。

虚拟人是在虚拟世界中的仿真人，和狭义数字人不同，虚拟人是以虚拟方式存在的人工智能。

信息人是通过收集人类个体的信息，从而在虚拟世界建立一个数字孪生，无论生物人存在还是去世，这个数字孪生都会基于人类生前的信息而存在下去。

实际上，定义只是便于读者区分，这里的概念也存在交叉和混同，比如数字人，广义的数字人实际上包括虚拟人、信息人和电子人，但我们仅仅给予数字人狭义定义，以便于我们后面的探讨。

另外，因为我们是对元宇宙的探讨，而非所有的与科技相关的探讨，所以本章我们将主要讨论三种人：生物人、虚拟人、信息人。

元宇宙的开拓者——生物人

生物人其实就是人类自身，进入元宇宙人类要回答两个问题：

其一，我是谁？（身份问题）

其二，我干啥？（行为问题）

身份：人人都是千面佛

无论到哪里，人类都需要有一个身份：出门，身份证；出国，护照；元宇宙，账号……

对于元宇宙身份问题，很多讨论会说元宇宙时代人类有两个身份：一个是现实世界身份，一个是虚拟世界身份。但玩游戏的朋友一定会说：元宇宙内容这么多，一个身份怎么够？我游戏上身份可多了……

的确，网络游戏都会需要人们注册账号，实名制规则下，每一个游戏都要求玩家填写一张注册表。也有很多专家经常善意地提醒：不要将所有的账号密码都设置得一样，否则有可能被黑客一锅端。但很多玩家依然我行我素，并不是玩家没有警惕性，而是多个账号名称在防住黑客的同时，也会防住自己，因为玩家容易忘记长期闲置账号的密码。

如果一个账号代表一个身份的话，我们在不同游戏中可以扮演不同的身份。那么在元宇宙时代，我们是不是还要在不同账号之间切换？是不是需要一种新身份？

在元宇宙时代，我们应该有三层身份。

第一层身份：自然人。不管元宇宙怎么发展，我们都无法回避自然人属性。

第二层身份：数字资产所有人。在元宇宙时代，人类可以在多个元宇宙间穿梭。比如我们提到MR眼镜可以帮助人类制作道具，那么MR工作协作平台就是一个元宇宙。这个道具制作好之后并不是用户用来孤芳自赏，而是可以将虚拟道具打包成数字资产，通过区块链、NFT这种加密令牌来明确用户对这件道具的所有权，此时道具从MR协作元宇宙转移到了区块链元宇宙，打包之后用户可以将道具带到VR元宇宙注册这件道具，直接给自己在元宇宙的角色换上装备。又或者可以通过销售，将数字资产卖给了张三、李四。

在整个过程中，你会发现你和虚拟道具会在不同元宇宙之间切换，而不变的是虚拟道具和你的权属一直是绑定的。若非如此，你的道具放到元宇宙里就变成公共物品，被人捡走了。

所以，人类会有第二层身份，这层身份是用户在不同元宇宙中穿梭所必需的。在元宇宙之前，所有的游戏都是独立的，所以我们不曾想过用另一层身份去持有跨平台的虚拟道具和财富，而在元宇宙时代我们需要。

不仅如此，实际上第二层身份给人类提供了一种思路。个人信息保护一直是个难题，游戏实行实名制，每个游戏都要填表格，所有游戏都问我们要密码。我们出于方便，会将密码都设置成一个"德性"，然后一朝被盗，个人信息和游戏账号上的数字资产被人搜刮一空，个人隐私也瞬间"裸奔"。

那么我们可不可以换一种方式。我们在服务商里面注册最新信息，服务商只要发一条认证信息，由我们信任的实名信息存储机构给予认证反馈，只要证明我是我，服务商就同意用户登录。

第三层身份：一人千面的角色身份。元宇宙有很多子空间，所以人们也不可能只有一种身份，你在不同平台拥有不同的身份，在每一个子宇宙扮演不同的角色。

综上，笔者认为，在元宇宙时代我们的身份是分层的，分层是因为各个身份的重要性存在较大差异，比如第三层身份对于元宇宙用户来说就不是很重要，即便第三层身份的账号被盗，只要第二层身份安全，那么你依然可以通过第二层身份来认证第三层身份，拿回账号。

除了这些身份问题，还有一个问题也将受到重视：

人类是否有必要定制专属用户虚拟形象？

在元宇宙之前，玩家在游戏中往往不需要有专属、定制的用户形象，基于用户偏好，游戏会给予用户定制通用形象的功能，比如肤色、服饰、发色等，最终生成个性化的形象，这个形象未必和他人重复，但和你自身长相气质可能没半分关系。游戏公司给用户提供一些捏脸工具，只是让玩家有一种掌控的感觉。而元宇宙中，我们可能要通过元宇宙中的虚拟形象来建立我们的社交关系。比如A在社交元宇宙中见到了B，会想到，在游戏元宇宙中也见过B，在协作办公元宇宙也见过B。也许B在社交元宇宙当中的形象和游戏元宇宙、协作办公元宇宙中的形象不是完全相同，但A还是可以一眼从形象的细节认出B。甚至于你用虚拟角色在零售元宇宙中逛街，遇到的一个熟人立马叫出了你的名字，这个虚拟角色形象和你真人也有一定的差别，但你的朋友还是可以一眼看出你是谁。

过去，虚拟世界是虚拟世界，现实世界是现实世界。网络游戏和现实没有交集，而元宇宙时代，不同元宇宙之间，元宇宙和现实世界之间都有联系，那么我们就不能再通过随机的人物形象穿梭于各个元宇宙，每个人都要根据自己真人的形象特征，来定制一个个性化的人物形象，并以此来作为在多个元宇宙之间穿梭的主体形象。

你当然可以使用伪装,但形象要能够和你的真实形象统一起来,以便想要别人找到你的时候,能够被直观地认出来。

UGC:元宇宙的螺丝钉

当前,内容生产主要有三种模式:

第一种是用户生产内容(UGC)。这种内容生产模式的典型是当下的自媒体产业,用户往往不具备很强的专业能力,但是他们热衷于分享,并知道其他用户想要什么、想听什么,所以在内容制作上非常接地气。

第二种是专业生产内容(PGC)。它和UGC与职业生产内容(OGC)都有一部分交集。比如我们经常在新闻中看到"专家分析"的内容,就是有些专家和传统媒体结合,这部分内容可融合到OGC领域。而另一部分专业人士会在互联网平台分享科普视频,这些年自媒体当中专业化的人士越来越多,就和UGC产生了交叉。

第三种是OGC。这是工业时代产生的企业模式,专业人士被集中到内容创作机构,这些机构通过有序规划制作出内容产品,就比如中央电视台拍四大名著的电视剧,就是典型的职业生产内容行为。

在元宇宙时代,UGC和PGC将成为内容创作的主流。人类是元宇宙的"原住民",当前什么都没有的元宇宙,未来需要"原住民"来建设,进入元宇宙的人类就好像一颗颗的螺丝钉,为元宇宙的运转做出巨大的贡献。和传统工作不同的点是,人们在元宇宙中工作幸福感将大大提升,劳动不再是一种负担,而切切实实成为一种需要。每个人都有更多选择权,可以从事自己感兴趣的劳动,并将劳动换成钱。

为什么是 UGC 和 PGC？

1992 年,书籍市场除了《雪崩》,还有亨利·詹金斯（Henry James）写的《文本盗猎者:电视粉丝与参与式文化》,这本书被认为是粉丝文化研究的开山之作。亨利·詹金斯通过对影视作品粉丝的追踪调查,发现主流文化对于这些粉丝文化、亚文化存在很大的偏见。主流文化认为粉丝缺乏理性,认为粉丝是迷恋细节、迷恋花边新闻、生活在真空中的一群人。但事实并非如此,和主流文化群体刻板印象不同,粉丝们往往会主动出击,因为"粉丝文化是由迷恋和不满混合而成的"。一方面,粉丝会利用元文本来搞二次创作,打造同人作品;另一方面,由于存在不满,粉丝会积极参与各种活动,试图引导心仪的影视作品内容向自己希望的方向靠拢。

在亨利·詹金斯看来,粉丝不是猎物,他们是猎人,他们会将迷恋的影视作品当作猎物,积极去改变内容,甚至主动去引导内容制作方顺着粉丝的思路去制作内容。很多粉丝也是游猎者,粉丝并不只是关注单个剧本,他们在不同剧本之间游走,试图改变剧本走向。

1992 年,美国的影视剧制作已经受到粉丝的影响,很多制作人已经开始把"粉丝需求"放在首位,但粉丝文化的产生实际上还要早很多，有一个有趣的老故事：19世纪80年代创作了福尔摩斯的阿瑟·柯南·道尔想要结束这一系列小说，于是写了《最后一案》将福尔摩斯写死了，结果1.2亿读者写信表示不同意，于是作者又将福尔摩斯复活了。虽然已经过了近一个半世纪，福尔摩斯在英国伦敦的住址贝克街221B号还是能够收到粉丝信件，到今天都没有中断。抛开事件本身看，这其实也是一起典型的粉丝主动出击的案例，粉丝为了让自己心仪的剧本更加完美，于是主动去改变剧情走向，让内容转向自己乐见的一面。

亨利·詹金斯在1992年的观点，在互联网发展的当下仍很有参考意义，实际上对如今这些粉丝行为我们已经司空见惯了，比如很多粉丝通过剪辑来对影视进行二次创作，有些二次创作让人叹为观止，卡点卡得很精妙，也有很多人通过刷短视频看到了很多影视剧的名场面。但这种方式和1992年有着天壤之别。最大的区别在于，这个时代是互联网时代，普通人具备了内容二次创作更好的条件：其一，普通人的二次创作内容有更加便捷的传播途径，只要你二创内容有特色，流量的跳升是几何级的。其二，当用户对作品不满意的时候，他有更多工具可以实现二次创作，剪辑、特效等工具软件大大降低了二创门槛，有些用户作品甚至比原作更精彩。其三，流量和平台激励的时代，用户更加积极地参与二创。在1992年，粉丝是"用爱发电"，如今大不相同，互联网平台多是根据内容带来了流量来给予激励，这些激励可能是金钱，也可能是更大规模的流量

第五章 元宇宙住民的多元形态

支持,二创的参与者不再只是粉丝,也有可能是"恰饭"的自媒体。

互联网时代,是权威被拉下马的时代,是人人都想表达看法,都能表达看法的时代,是二创作品可能比原创作品更火爆的时代。这促使内容制作厂商改变策略。如果用户都变为猎人,那么内容创作者就不能也是猎人,因为猎人和猎人之间是竞争关系。在这个时代,PGC会直接制作猎物,然后丢出一个猎物让用户自己去包装,自己去二创,自己去脑补,让它自己火。

这种例子有很多,比如:迪士尼的星黛露系列。星黛露玩偶没有故事背景,比如玲娜贝儿就是背景故事完全空白的可爱玩偶。但这一点也不妨碍玲娜贝儿成为迪士尼的网红狐狸,代价就是玲娜贝儿需要不停地和观众互动,来满足粉丝的要求,使得其形象能够在自媒体二创中广泛传播。这也出现了一些问题:玲娜贝儿太火爆,以至于有时候会和粉丝出现一些冲突。

国内也出现了很多工业流水线的男团、女团,且团体年龄越来越低龄化。这些团体可能并不需要去参加选秀比赛,但是他们需要在媒体上和粉丝不断交流,聊各种话题。很多人可能看不懂这些活动。其实这些活动的目的就是制造话题性,对于背后的经纪公司来说,团体成员年龄越小,背景越简单,犯错风险也越低,就像白纸一样可以任意涂抹。但同时,通过在线交流和参加综艺节目,这些团体可以制造更多话题来供粉丝捕捉。

综上,UGC可能是这个时代和下一个元宇宙时代内容创作的核

121

心，未来的商家越来越懂得如何调动粉丝参与的热情。而粉丝也乐在其中，越来越多的 IP 粉丝参与的程度也越来越高。

不过这些在元宇宙时代还是不够的。UGC 说白了还是商家通过投喂猎物的方式，来引导玩家入局。玩家虽然有了很大的主导权，但最终还是到商家"碗里"。粉丝经济的本质还是消费主义，还是赚钱。那么，为什么不能用户自己去造这些"白纸"？当下还是不可以，因为专业内容制作企业依然占据话语权，它们有渠道，有资本，甚至有"水军"来炒热这些话题。更加重要的是，这个社会的内容生产组织方式没有发生根本性的改变。比如当下，很多自媒体已经开始企业化运行，从内容选题、策划、录制、摄影、剪辑、特效等，一步步展开 OGC 的内容生产方式。

元宇宙可能会改变生产组织方式：一方面是项目主导的内容生产方式，用户会为了一个项目进行自由组合，临时招募用户；另一方面是区块链技术主导的利益分配模式，用户会用智能合约将利益分配方式通过代码确定下来，利益最终的分配执行将更有刚性。因此，在元宇宙时代哪怕是普通用户在没有专业技术的情况下，通过全新的内容生产方式，也可以临时组建专业团队，内容生产能力得到显著提升。也只有这样，UGC 才能在元宇宙时代成为真正的内容生产方式。

元宇宙的领路人——虚拟人

虚拟人是怎么产生的？当前比较有代表性的虚拟人其实是虚拟偶像。从国外的初音未来，到国内的洛天依，再到如今各路虚拟偶像，虚拟偶像产业当前体现出欣欣向荣的景象。未来，虚拟偶像和人工智能将进一步融合，虚拟偶像也将成为元宇宙中的虚拟人，通过人工智能，这些虚拟人将在元宇宙中为人类提供服务，辅助人类，提升人类的元宇宙体验。

虚拟偶像——语音库

虚拟偶像最早的作品是日本的初音未来，初音未来的制作公司是日本克理普敦未来媒体有限公司（Crypton Future Media，INC.），但初音未来崛起的语音库技术支持来自雅哈。80后很多人曾有过学电子琴的记忆，而电子琴中较有名的就是雅马哈，几乎可以说雅马哈是伴随电子乐发展的乐器品牌。电子乐的核心乐器是音乐合成器，一般在乐队中由键盘手掌管，和键盘乐器组合在一起使用。音乐合成器在电子乐表演中往往可以加入即兴的音乐编辑成分，比如加入节奏打击元素，比如叠加音效。在音乐合成器领域，普通的音乐合成器只能改变音乐节律，而专业的音乐合成器能够改变音色，让音乐的律动能够跟随现场氛围做出调整，激发现场观众的激情。

音乐合成器是雅马哈的电子乐器产品核心，雅马哈也很乐意在音乐合成器上投入研发。2003 年，亚马逊推出了一款音乐合成的软件 VOCALOID，这款软件主要由三个部分功能组成：乐谱编辑器、歌手库和合成引擎。很显然，这是一款试图推动电子乐发展的产品，2007 年 1 月，VOCALOID 软件升级到 VOCALOID 2 版本，重大的改变在于引入了歌手音色。合成引擎从乐谱编辑器接收乐谱信息、从歌手库中选择适当的音色，并将它们融合在一起以输出合成音。这个设计的初衷是为了以合成人声的方式来解决歌唱现场人声和声的问题。而这个应用最早触发的重磅产品，却是初音未来。

在 VOCALOID 2 发售 7 个月后，克理普敦未来媒体公司利用 VOCALOID 2 发布初音未来，这家公司将藤田咲[①]的声音录入 VOCALOID 2 歌手库，并于 2007 年 8 月开始发售。这款声音的相关应用迅速走红，2008 年到 2022 年，克理普敦未来媒体一直占据着日本国内声音关联软件的头把交椅，地位难以撼动。2007 年年底一首初音未来的《甩葱歌》也在中国互联网上造成了不小的骚动，并一度成为"洗脑神曲"。《甩葱歌》的制作者只是初音未来语音库的一个使用者，他通过歌手库中提取音源来合成歌曲，然后制作了简单的动画来配合歌曲，之后将歌曲分享到视频网站 Niconico 动画，

---

① 藤田咲：日本女性动画配音演员，也就是声优。

通过互联网的传播，《甩葱歌》和初音未来迅速走红。2007年12月，初音未来在互联网上创作的歌曲超过千首，这些歌曲都是由互联网网民自发制作。

初音未来也在音乐界掀起了巨大的波澜。初音未来给电子乐产业带来意外之喜，本是"门外汉"的程序员大量涌入音乐行业，成为电子乐的生产者，这也使得雅马哈的音乐合成软件大卖，大量以VOCALOID为基础开发的虚拟偶像如雨后春笋般涌现。

虚拟偶像——3D化和AI

2007年是个特别的年份，那一年苹果公司推出iPhone，移动互联网时代呼啸而来。而实际上iPhone的成功基于一个重要的条件——3G网络已经在全球范围内迅速普及，互联网信息通信的进步使得内容产业发生了巨大变化。视频取代图文成为互联网重要的信息传播形式，视频网站走上发展快车道。而也是因为通信技术的发展，游戏产业、动漫产业全面3D化，3D建模的仿真度越来越高，技术越来越好。音源库构建了虚拟偶像的声音，而3D建模技术的成熟则构建了虚拟偶像的形体特征，虚拟偶像的形象细节日益丰满。而用户也开始积极参与到虚拟偶像的建设中来，帮助虚拟偶像制作音乐作品，积极参与虚拟偶像内容传播。用户发起了更多关于虚拟偶像的话题，通过建立社群来为自己心仪的虚拟偶像应援，甚至自发张罗为虚拟偶像打造演唱会。从2010年3月开始，初音未来就有了专属的演唱会，演唱会利用先进3D全息透明屏幕技术，以全息影像的方式展现，至今依然有很高的热度。

另外值得一提的是，除了以上种种虚拟偶像相关技术，实际上虚拟偶像技术的成熟还受益于动作捕捉技术的发展。动作捕捉是在运动物体的关键部位设置跟踪器，由动捕系统捕捉跟踪器位置，经计算机处理后得出三维空间坐标数据，最后在计算机中实现虚拟形象和真人的动作同步。动捕既可以用来分析运动物体的运动轨迹，探讨科学话题，也可以将虚拟世界虚拟偶像的动作和真人进行同步。

综上，从初音未来的走红路径可以很清晰地看出虚拟偶像的形成路径。

一条是技术路径。包括AI技术为基础的语音合成技术、3D建模技术、动作捕捉技术、视频技术、全息影像技术等，虚拟人是科技发展的必然产物，当技术到达了某个节点，我们自然能够造出形象迷人、嗓音完美的虚拟偶像。

另一条是消费者路径。虚拟偶像是UGC用户参与创作的产物，以兴趣集合用户粉丝，激励他们为虚拟偶像的形成添砖加瓦，通过二次创作，来实现虚拟偶像内容和话题的填充，最终让虚拟偶像的形象更加丰满，技术更加完善。

过去要制造一个偶像，影视制作公司会给偶像配备完整的故事情节，人设、形象要饱满，个性要鲜明，而如今，影视制作公司直接给观众一张白纸，让观众自己填写内容。粉丝经济和 UGC 在虚拟偶像上一拍即合。

虚拟偶像到虚拟人

前文提及的是当前已经普及的虚拟偶像，而在未来的元宇宙，虚拟偶像还要进一步升格为虚拟人，从虚拟偶像的花瓶转变为实用的工具人。那么，在元宇宙中虚拟人又要承担什么样的角色呢？

当前游戏里面本身就有虚拟人，也就是游戏中的 NPC，很多 RPG 游戏中那些顶着感叹号的 NPC 本身具备弱智能水平，能够和玩家进行简单的互动，NPC 的工作主要是发布任务和作为中间商买卖游戏道具。老游戏《魔兽世界》让 NPC 功能有所进步，部分游戏中 NPC 能够作为向导引导玩家完成某个任务，故而大多数 NPC 对于玩家的作用就是游戏引导员。元宇宙是游戏产业的升级版本，是游戏和现实世界的融合。元宇宙时代，虚拟人在 NPC 的基础上有了新变化：一方面，虚拟人继续延续 NPC 的作用，继续承担元宇宙指路人的角色，由于元宇宙是一个庞大的开放宇宙，复杂的结构使得用户在元宇宙中面对更加复杂的局面，用户在元宇宙当中学习成本提高，此时拥有一定智能水平的虚拟人将承担"导游"的角色。另一方面，虚拟人将成为通用的被改造对象。如初音未来、洛天依、泠鸢等虚拟偶像，将成为元宇宙中重要的素材，如果你在元宇宙中有个商店，有个售货员的角色安排,你将可以在虚拟偶像中选择形象和声音。

在虚拟人的基础上,元宇宙时代还会出现虚拟员工。早期虚拟员工主要集中在两个领域:一个是零售领域,在元宇宙中处理前台接待和售后反馈。另一个是金融领域,在元宇宙中引导用户完成自助操作,并跟进金融售后服务。未来虚拟员工发展的关键是行业定制的聊天机器人。之所以强调定制化,是因为零售和金融的关注焦点相同,零售围绕商品销售,金融围绕金融服务。

在未来虚拟员工的发展过程中,首先要完善的是聊天机器人的发展。在现阶段的服务中,大多数客户询问的问题是重复的。比如某个业务如何办理?如何挂失信用卡?商品是否有"七天无理由退款"保障,等等。这些重复、可预期的客服问题完全不需要后台客服人员逐一回答,大部分问题聊天机器人完全可以胜任。当前,大多数零售和金融后台客服就是由聊天机器人和真人搭档组成。用户的标准化提问会交给聊天机器人应对,个性化问题则由真人解答。这大大减轻了真人客服的应对压力。另外,聊天机器人通过和客户沟通积累数据,利用聊天数据完善自身。通过机器学习算法,聊天机器人可以不断成长。

虚拟员工实际上是由虚拟形象叠加聊天机器人形成的一种应用。传统聊天机器人客服以文字方式回复用户,虽然能够解决问题,但文字的体验感、交互感不佳。未来在元宇宙中,虚拟人将更加直接地和人类交流。一方面,虚拟员工能够优化零售和金融业的外在形象,吸引更多关注；另一方面，虚拟员工能够采取直观的方式，引导用户完成烦琐的自助业务操作。

元宇宙的永恒记忆——信息人

很多玄幻小说都会以影子为题材，影子取代真人的故事也成为影视剧的热门题材。从唯物主义的角度，影子取代人只是人类的想象。可在元宇宙中，的确有这样的影子，有可能最终取代人类。

我们在元宇宙的所有行为都会被元宇宙所记录，在现实世界中，人类大部分行为不会被记录，但元宇宙是虚拟世界，说白了就是一串代码，代码完全可以通过存储器储存起来。你在元宇宙玩过所有游戏，在游戏中做过所有的事，都是可以被记录的。如果元宇宙一直记录下去，这些信息数据积累到一定量，你就会在元宇宙中造就一个"影子人"。

元宇宙的影子指的是用户数据信息，数据信息本来不会对人类造成挑战，但叠加了人工智能，信息转化为信息人后就有可能成长出独立意识。人工智能，尤其是机器学习下的人工智能，本身就是通过数据来做训练，数据越多，人工智能学习模仿的能力就越强，当数据量达到一定的规模，人工智能就能取代人类。在计算机发展早期，"计算机科学之父"图灵就提出了有名的图灵测试，来测试人工智能是否可以伪装成人类。当下，我们的人工智能正在无限接近人类智能，突破图灵测试可能只是时间问题。

有数据影子、有机器学习算法作为工具，也许未来某一天，人类在元宇宙里面的影子会复活，取代人类永远存在于元宇宙当中。实际上算法当下已经比人类更加了解自己，比如在零售领域，随着数据挖掘算法的应用，很多人的喜好在商家眼中一览无余，消费者在互联网上是"裸奔"的状态。获得数据信息的商家，除了了解消费者的隐私信息，还能对用户进行侧画像。广告的精准推送就是基于侧画像，算法通过收集消费者数据来给消费者打标签，比如消费者搜索母婴用品，就会被商家贴上母亲的标签，而根据选购婴儿奶粉段位的不同，商家将获取消费者孩子的大概年龄信息，并向其推荐相关商品。

用户侧画像算是小儿科，算法的强大在于，它会挖掘人类内心的深处，比如人类都有些潜意识的行为，很多习惯我们自己都未必能发现，这些细微之处也许是几句口头禅，也许是一些微表情动作，如果有足够的数据，算法甚至可以从你的微表情中解读出你的想法。

综上可见，只要有足够的行为轨迹数据，算法就可以在数据的基础上生成一个信息人，这个信息人可能和用户本人无比相像，像是你在元宇宙的影子。

对于信息人的争议一直存在：有人支持信息人的存在。对于我们已经逝去的亲人，用算法读取亲人的行为数据，可以让亲人的影子永远活在元宇宙当中。人是容易遗忘的，如果没有将这些信息保留，那么一个人彻底消失仅仅是时间问题。人类死亡有两次，一次是生理上的终结，另一次是社会关系上的终结，被彻底遗忘才是真正的死亡。

但也有人反对信息人的存在，认为个人信息应该获得严格的保护，活人不能侵犯死人的隐私。除此之外，他们认为如果这项技术发展下去，很可能信息人和真人难分真假。当技术足够成熟时，信息人带来的隐私泄露风险将大大提高。如果亲人通过信息人来争夺遗产呢？

但科技大体不会顺着我们的思路按部就班地发展，信息人的时代总会到来，我们只能通过规则完善来虚位以待，算法是信息人缔造的工具，工具掌握在谁手中？工具如何使用？这才是法律需要解决和面对的问题。

信息人技术如果成功，有可能也会产生正面的影响，人类的生产力是受限的，如果信息人技术能够将人类精神和肉体分离，将思想意识装入元宇宙中，而元宇宙又通过现实和虚拟融合来为现实世界提供生产力，那么很可能我们能够突破人类生产力的自然瓶颈。元宇宙中的信息人消耗很少，却能够持续产出。更可贵的一点是，信息人有可能保留人类的智慧。想象一下，阿基米德、牛顿、爱因斯坦在元宇宙同时存在肯定能释放新的科学火花，故而信息人能够让人类科学技术实现更大跨越。

当然,真正的信息人技术还很遥远。现阶段,信息人还是围绕人类的语音、文字、视频等在线行为记录来生成一个形似的信息人。未来,结合 VR 等感知设备,人类的行为信息将加入元宇宙的记忆当中。如果未来脑机接口成为人类接入元宇宙的接口,那么人类思维信息也将加入元宇宙的记忆当中。这是一个逐渐丰满的过程,相信最终人类意识和灵魂可以有效剥离,人类将在元宇宙中实现永生。

智人和智能

AIGC,英文 AI-Generated Content,也就是人工智能创作内容。2020 年,B 站 UP 主(上传者)"图灵的猫",花费 3 个月,500 个小时,书写了 1 万行代码,利用 2 亿条数据和 17 亿个参数,开发了一款写作文的 AI:EssayKiller。这是一个科研尝试,但由于创作者对 AI 进行了开源,有很多人利用这款算法进行写作,并做起了代笔生意,由于 AI 作者输入的数据多为官方媒体文章和高考作文等,因此 EssayKiller 尤其善于应对公务员考试中的申论和高考作文。

人工智能：创作

"图灵的猫"必定是一个 AI 领域的大神，但如果一个人能够完成一款写作 AI，那么拥有诸多 AI 大神供职的 AI 巨头表现又如何呢？2021 年 1 月 OpenAI 发布 DALL·E，通过这一 AI 应用程序，用户只要输入一段表述性文字，AI 就会自动识别文字语义，并进一步将语义转变为几幅图画，在 1 年后，DALL·E 升级为 DALL·E 2 版本，图片效果发生了质的飞跃。继而，谷歌加入这个领域，让竞争变得"内卷"，2022 年 5 月谷歌推出了 Imagen，在图片样本质量方面又大幅度超越了 DALL·E 2。

当我们在谷歌的 Imagen 和 OpenAI 的 DALL·E 2 里输入文字，AI 会展现和制作出不同的图片。这个 AI 应用预期会很快普及，主要针对的是用户在写作时候的插图问题，很多插图是有版权的，随意使用会吃侵权官司，而 AI 制作的图片属于一种创作，可以帮助图文作者规避图片版权。随着这项技术的进步，AI 很可能取代人类进行独立的绘画创作。

AI 在文字创作上的应用已经非常普及，诸如很多新闻媒体都有 AI 助手来写新闻稿。当然，和自由发挥的国考申论作文和高考作文不同，AI 写新闻稿需要有人来输入关键信息，AI 再将这些信息进行内容重组，根据新闻机构自身的文风来组成新闻稿。

AI 在文字和图片创作上体现出了较强的实力，但 AI 真正具有挑战性的领域依然是自然语言处理，图灵测试就像一块靶，吸引科技巨头以"打靶"的方式来证明自身在人工智能领域的实力。

人工智能：伦理

2022年5月，谷歌AI伦理研究员布莱克·莱莫因（Blake Lemoine）被谷歌安排了"带薪行政休假"，按照惯例，"带薪休假"是谷歌解雇Lemoine的"体面做法"。原因是Lemoine被人工智能LaMDA说服，认为LaMDA已经具有人格，继而将这一看法公开，并附带公开了大量和LaMDA对话的内容。对于谷歌来说，AI具备人格这一看法是双刃剑：一方面的确是对谷歌AI技术的认可，"人格化"的聊天机器人需要有强大的自然语言理解能力作为支撑；另一方面AI具备人格这一点会造成舆论恐慌，而这种恐慌可能会破坏谷歌的外部形象，也会阻碍谷歌继续研发此类AI技术。

近几年，AI技术发展越来越快，是因为近几年深度学习神经网络算法的崛起。1981年，日本开启了第五代计算机的项目，但1992年这个项目就结束了。第五代计算机就是制造一个超级人工智能，但是当时人工智能缔造的基本方式是逻辑推理，这种人工智能起源于20世纪80年代逐步兴起的专家系统：用户提问，逻辑推理人工智能给出答案，这些答案也并非灵活应答，如果人类输入数据的时候发生错误，那么专家系统输出答案的时候也是错误的。日本第五代计算机的想法是将人类所有答案都输入进去，造就一个无所不包的专家系统。但实际上，人类的知识和信息是无法穷尽的，且世界关注的问题也在不断迭代，第五代计算机最终会被时代淘汰。再者，第五代计算机在算力上也逐步落后，因为它采取中心化算力的模式，在互联网时代，算力芯片可以通过并行计算的方式堆叠起来，当前超级计算机的研发更加倾向于专用算力，云计算成为通用算力的供应商，并已经占据主导地位。

随着互联网数据量级的提升，云算力、算力堆叠的普及，人工智能自然而然地过渡到了机器学习阶段。深度学习神经网络算法就是一种典型的机器学习算法，其通过模仿人类神经元的思考方式来层层筛选数据信息，而在最终输出结果的时候，又利用强化学习算法的方式，来对算法结果进行判断。如果算法输出了想要的结果，那么给予AI"激励"，如果算法输出了错误的结果，那么就给予AI"惩罚"，"激励"和"惩罚"是一种调参行为，以此减少AI输出错误结果的概率。深度学习类似于人类的学习过程，一个孩子如何知道烫的东西不能碰呢？没有体验的情况下，孩子也许会去摸滚烫的水杯，然后水杯就给予孩子一个惩罚，那就是疼痛感，疼痛感是人类的自我保护机制，有了疼痛感孩子就知道冒热气的水杯不能摸。

有了深度学习，人工智能的发展就变得简单。若想打造一个AI应用，AI工程师首先是设计一个机器学习的模型，继而从互联网获得海量数据，将数据改造成训练集，加标注的为监督式学习，不加标注的为非监督式学习。然后将这些数据输入深度学习算法的一端，如果输出了错误的数据，则对算法进行调参，继而再输入数据，再调参。如此周而复始，直到人工智能获得想要的功能。

机器学习算法会不会真的造就一个有"人格"的人工智能？事实上这依然要看算力，哪怕是当前的算力实现了堆叠，但要达到人脑的效率还很遥远，我们人脑的算力是很高的，且几乎没有延迟。但随着科技的发展，算力还是会持续提升，所以 AI 在未来达到人类智力水平的状况依然很可能发生，人类的确需要对人工智能保持警惕。因为人工智能是可以共用一个大脑的，如果全世界的算力都是由云端提供，而互联网整体进化为一个人工智能，并通过人类在互联网存储的数据不断实现自我净化，那最终 AI 超越人类将只是时间问题。当然，2022 年的我们不用杞人忧天。互联网数据杂乱无章，很多数据是异构的，数据被收集起来，还要进行整理、清洗、脱密、打标等处理，之后才能使用，所以，AI 的成长还需要人类来投喂数据。

再者，人类战胜其他物种成为地球食物链顶端，一靠抱团，二靠工具。AI 在进步，人类也在进步。也许，当 AI 试图超越人类的时候，人类脑机接口技术也在走向成熟，AI 可以直接植入我们的脑部，提升感知能力、记忆能力、社交能力、智力等，并以此让认知水平再上新台阶。届时，我们人类依然将在各方面碾压 AI，从而开启人类的元宇宙时代。

第六章

元宇宙时代标志性元素

如今，元宇宙的发展尚在早期。早期元宇宙的发展必然是不完整的，元宇宙的发展不会一蹴而就，而是通过分散的逐渐拼接的方式来推动。先有元宇宙元素，通过元素的整合，才会逐渐形成元宇宙。

元宇宙时代的"位面链接"

位面这个词语主要出现在科幻小说和游戏当中，简单说就是平行宇宙。人类生活的是现实宇宙，元宇宙就是一个人类自己创造的平行宇宙。元宇宙并非单一宇宙，而是通过若干个子宇宙来实现链接。在元宇宙时代，现实世界和元宇宙要实现链接，需要通过通信网络的模式，而元宇宙下子宇宙之间也要实现链接，玩家在不同子宇宙之间穿梭，获得不同的身份，从事不同的工作，解决不同的问题。关于通信和子宇宙的穿梭，笔者称之为"位面链接"。

通信：现实宇宙和元宇宙的桥梁

通信网络是现实宇宙和元宇宙之间的桥梁。元宇宙时代，我们需要随时随地接入元宇宙，当然需要更好的通信网络性能。5G 时代，通信网络的提升主要在三个方面：更低的延时、更多的流量、更大的设备容量。5G 技术对于通信网络性能有很大的提升，但对于元宇宙还不够。如果要满足随时随地接入的需要，5G 需要扩大高速通信网络的覆盖范围；如果要降低 VR 的画面延迟，5G 需要让通信网络结构更加扁平，更加智能化，以此来提升通信网络的响应速度。

5G 依然存在一定的缺陷，当通信频率升高之后，5G 基站的信号覆盖距离更短，偏远地区覆盖率越来越低，不得不采用非独立组网（NSA）的组网方式，大量 4G 基站设备被纳入 5G 网络之中，这就很难实现元宇宙时代随时随地接入的要求，于是，业界期待 6G 带来新的改变。按照通信网络十年迭代一次的规律，预期 2029 年通信网络会从 5G 升级到 6G，当前 6G 网络还没有冻结技术标准，但从愿景看，6G 网络可能包括以下几个方面：

其一，全球高速网络的覆盖。6G 需要匹配元宇宙随时随地接入的需求，在 5G 时代，由于 5G 频率高，基站覆盖面积小，所以 5G 独立组网基站往往集中在大城市，而在偏远地区采取非独立组网，性能较差。所以，未来 6G 可能结合多个技术，包括天基互联网、无人机基站、气球/飞艇基站等来扩大通信覆盖范围。

其二，智能化的自组网系统。当前互联网有很强的异构性，通信网络结构非常复杂，在网络通信资源调配上往往会出现舍近求远的情况，所以智能化的自组网系统能够更好地缩短通信的物理距离，在传输路径上进行更好的优化。智能化自组网也针对偏远地区，比如在偏远地区用户有通信需求的时候，天基互联网卫星、无人机基站的无人机等天空飞行器会向用户靠拢，拉近传输距离，提高传输效率，这些行为都将由人工智能主导，从而让通信网络匹配更加柔性和高效。

其三，拓展更多频谱来容纳更多种类的设备。元宇宙时代我们接入的互联网设备种类更加丰富。诸如数字孪生带来的远程工作模式，需要用户通过元宇宙连接现实中的生产设备。诸如元宇宙零售中追踪商品的物流信息，也需要将商品接入互联网当中，所以互联网接入物品还会增加，也就需要更多的频谱。

其四，安全性。当所有人都只是接入 PC 和智能手机的时候，网络节点接入模式较为单一，数据流复杂度低，所以安全性问题较少。而当设备大幅度增加，大量的设备接入互联网当中，且要求高流量、低延时来匹配元宇宙的需求，此时维护网络安全性的难度更大。

其五，低延时和高流量。元宇宙会给予用户更好的体验，但更好的体验以各种 3D 素材为基础进行展现，此时数据传输的量要比当前移动互联网时代大很多，而元宇宙需要交互的实时性，VR 头显需要实时高清画面，尤其是元宇宙深入现实世界，对更加复杂的线下工作通过数字孪生和远程同步的方式来实现远程生产、工作，而很多生产过程对于同步性要求很高。比如远程手术。

综上，5G可以支撑较低画质的元宇宙，但未来想要提升用户体验，新一代的通信技术势在必行。5G当前缺少重磅应用，普及之路漫长。而5G对于元宇宙的支持依然存在短板，故而5G很可能是一个过渡性通信网络，但笔者认为6G应该也不是全新的网络，而是在5G基础上的补充，所以5G通信网络的建设投入不会白费，未来的通信网络是不断优化和积累的过程，相信未来通信网络将会为元宇宙发展创造良好的硬件环境。

云计算：元宇宙的地基

云计算和通信网络相辅相成，云计算被认为是元宇宙的地基，对于元宇宙，云计算既提供了元宇宙建设的空间（存储能力），也为元宇宙运行提供了算力支持（运算能力）。

云计算的本质是终端设备虚拟化。比如在使用电脑的时候，我们需要输入输出设备，输入设备是键盘鼠标，输出设备是音箱和显示器，而在这些输入输出设备的背后，是计算机主机。主机机箱内部件包括主板、电源、显卡、内存和芯片，而这些部件当中，显卡、内存和芯片是电脑运行的心脏。而电脑往往会遇到性能不足的问题，互联网给电脑性能不足提供了解决方案，云计算服务商将内存和芯片组装成服务器,放在 IDC(互联网数据中心),通过网线链接,用户可以远程使用这些内存和芯片,来提高自己电脑的性能。

比如云盘的使用,当用户硬盘塞不下过多资料的时候,用户可以将多余文件上传云端,存放在云计算服务商的服务器里面,需要时下载即可。

在元宇宙时代,以运算能力见长的显卡(GPU)需求将进一步提升,用户对于云计算服务商的算力供应需求呈现增长态势。诸如以 GPU 和 TPU 芯片为核心的云算力中心将越来越多,用户通过远程接入获得算力支持,从而提升 XR 设备的画面响应速度,降低延迟。

但也要看到,显卡在用户电脑中没有通信延迟,而通过云算力中心获取算力则由于通信距离增加而出现延迟。所以云计算中算力的使用有赖于网络性能的提升,但当前云算力还未能普及。

另外,针对云算力通信的延迟,未来边缘计算将进一步发展,边缘计算是云计算技术的延伸,在靠近用户一侧就近配置云计算的服务器,让用户通信距离更短。在城市中高密度区域,这种方式能够大幅度降低延迟,从而让云算力的普及成为可能。

穿梭:子宇宙传送门

在元宇宙时代,玩家可以在不同子宇宙之间随意穿梭。例如:玩家 A 从游戏元宇宙中获得了一件装备,在编辑器中将装备形态进行改造，然后又穿梭到零售元宇宙进行销售，将虚拟装备变现后，购买其他虚拟资产或者现实消费品。

元宇宙时代，各个元宇宙子宇宙之间的接口会实现标准化，用户在不同子宇宙之间切换的过程中，身份认证的复杂程度大幅度降低，用户还可以将不同元宇宙中的虚拟道具在各个元宇宙之间搬运，虚拟道具资产的通用性大幅度增强。不仅如此，用户的社交关系也可以在各个子宇宙中平移使用，用户能够以便捷的方式找到目标队友，用户也可以跨宇宙实现通信。比如用户 A 在制作物品的时候需要用户 B 的协助，他可以直接和正在游戏宇宙的用户 B 建立通信。

由于子宇宙内容太过丰富，未来需要通过元宇宙中心广场的模式来为用户导览，可以用视频演示的方式向用户解释子宇宙的功能，避免误导用户进入错误的子宇宙空间，浪费用户时间。

人工智能可能作为引导者出现，但对于用户来说，使用人工智能可能需要给算法推荐授权，否则人工智能很难猜到你的意图，也很难根据你的行为喜好，做出合理推荐。

子宇宙的进入也许和当前游戏中进入副本类似，部分子宇宙之间存在功能交叉，用户可以跨平台发起协作。

因此，要在子宇宙之间穿梭，必然需要子宇宙之间存在连接接口，并在各个宇宙之间，建立统一的元宇宙底层基础架构。主导打造元宇宙应用的平台公司，需要打破壁垒思维，筑高墙不利于元宇宙之间的生态融合，而一个多元应用组成的元宇宙对于玩家来说更有吸引力。元宇宙时代，元宇宙位面越多，应用越丰富，用户就越多，而用户的增加也客观上使得这些综合元宇宙成为头部元宇宙，而大量边缘化、兼容性差的元宇宙将被淘汰出去。

从"数字孪生"到"数字创世"

数字孪生是充分利用物理模型、传感器更新、运行历史等数据，集成多学科、多物理量、多尺度、多概率的仿真过程，在虚拟空间中完成映射，从而反映相对应的实体装备的全生命周期过程。

举个例子：真实世界有一架飞机，如果想要知道它的飞行状况是否稳健，是否需要维修，一般有两种方式。其一，在地面上将飞机所有零件都检查一遍。发现问题，及时解决，可一架波音737有600万个零件，工程师数量有限，必然不能做到面面俱到。其二，在数字空间中设计一架一模一样的飞机，然后这架虚拟飞机通过传感器收集真实飞机的运行参数和环境参数。真实飞机起飞，虚拟空间的飞机也一同起飞。真实飞机遇到了雷暴天气，虚拟空间的飞机也模拟雷暴天气。通过这种同步的方式，就能知道某架飞机是否可以起飞，是否需要维修，从而实现对飞机飞行状况的监测和预测。

NASA（美国国家航空和航天局）在数字孪生上起步比较早，最早关于数字孪生的应用可以追溯到阿波罗登月计划。当时阿波罗13号在登月过程中遭遇了故障,在距离月球6万公里的时候飞船内部发生爆炸,宇航员命悬一线。故障原因是位于服务舱液氧储箱加热系统的恒温开关长时间超负荷运行,产生了火花,破坏了绝缘材料性能,而发生故障的时候宇航员并不知道问题出在哪里,他们只知道飞船发生了故障,水、电、氧气系统出现了问题。地面指挥中心通过数字孪生技术,对阿波罗13号进行仿真分析、检测和预测,最终找出故障点,并帮助3位宇航员解决问题。

阿波罗13号发射是在1970年,当时数字孪生技术还不完善。一个完善的数字孪生由三个部分组成:物理空间的实体产品、虚拟空间的虚拟产品、物理空间和虚拟空间之间的数据和信息交互接口。如果要对飞机使用数字孪生技术,需要一架真实世界的飞机,以及数字空间制造出的一架虚拟孪生飞机,最后要有传感器来收集真实世界飞机运行的环境信息和飞机部件信息,将信息回传到数字空间,让真实世界和数字空间的两架飞机完全同步。数字孪生的基础技术是三维标注技术,也就是利用物理、数学模型来推进系统工程,数字孪生过去的主要目的是优化工程应用,未来在元宇宙中,数字孪生技术能够实现更多的目标。

数字孪生是"信息—物理系统"的一种实现方式,也就是通过数字世界来实现物理世界和信息世界的交互融合。而在元宇宙时代,数字孪生技术将向纵深发展,主要是担任元宇宙和现实世界的链接点，利用万物互联，将更多传感器布局在现实世界中，然后将现实世界的物体通过数字孪生技术映射到元宇宙当中。

比如当前很多游戏和现实世界一样有同步的昼夜，未来传感器亦可以获知更加细致的环境状况，诸如下雨、刮风、阴天、晴天、冰雹等，环境参数的改变可以让用户在元宇宙的体验更加真实，也能让用户更加细致地体验元宇宙环境。

比如当前的零售元宇宙的雏形。元宇宙中品牌店中的商品是虚拟的，而这些虚拟商品可以通过数字孪生技术同步到元宇宙当中，数字孪生技术可以复制产品细节，甚至可以模拟产品功能。通过数字孪生技术生产出的一辆车，可以在元宇宙中开，且操控方式和现实车辆一模一样。

比如元宇宙时代可以实现远程工作协同。以生产设备、工艺流程、产品为蓝本，在数字空间打造数字孪生，并以传感器连接工厂实地，这样工人就可以在家中完成工作，在数字生产线运行的时候，对实际生产状况进行监测和预测。如果流水线出现故障，数字孪生可以准确地找到故障点，继而工程师可以通过远程链接，通过 VR 和机械臂对流水线的故障点展开维修。

数字孪生的基础是 3D 建模，它是将现实中的物品打造成模型映射到数字空间，可以通过图像识别的方式来完成建模，也可以基于设计图进行建模，将平面设计的建筑、商品，转化为三维的元宇宙模型。在元宇宙时代，这些数字孪生的状态是动态的，是和现实世界关联的。现实世界砸破了一个玻璃杯,那么元宇宙中的数字孪生玻璃杯也将被砸破。

利用数字孪生进一步增强元宇宙的体验实感,也是为了解决很多现实世界的问题,将现实世界和元宇宙世界同步。但元宇宙并非完全由数字孪生构成,还有大量全凭用户想象制作形成的数字物品。所以元宇宙涵盖的内容要大于数字孪生。而数字孪生是元宇宙和现实世界建立联系的桥梁。有了数字孪生技术,元宇宙作为一个整体就能够对现实世界进行感知,将现实世界的元素同步到数字空间。

数字孪生技术是元宇宙数字创世诸多技术中的一种。将现实物品映射到元宇宙,需要数字孪生。而将元宇宙中设计的虚拟物品在现实世界实现,则需要3D打印技术,3D打印技术将更好地还原虚拟物品的设计感。

新的"部落文明"

出生时代不同,成长经历就不同。在不同的成长经历下,每一代人都面临不同的选择题,面对同样的问题也会做出不同的选择,这种选择差异就是"代沟"。毛主席曾对年轻人说,世界是你们的也是我们的,但是归根结底还是你们的。当下的年轻人将是元宇宙的"原住民",若要预测元宇宙未来的文化走向,那么必然要从年轻人的偏好出发去看问题。

欧美将二战后出生的人划分为四代:婴儿潮一代(1945—1965年出生)、X世代(1965—1980年出生)、Y世代(1980—1995年出生)、Z世代(1995—2010年出生)。而如今活跃在互联网的主要是Z世代。根据统计局数据,中国Z世代人口数量大约是2.3亿。

Z世代的感情线

Z世代和其他世代相比有着不同的成长经历,这也造就了Z世代与众不同的情感需求,笔者认为Z世代独特的情感需求主要包括以下几个方面:

其一,摆脱孤独感的需求。

从出生时间看,国内Z世代大多数是独生子女。在他们之前的Y世代虽然也大多是独生子女,但在Y世代出生的1980—1995年我国城市化进程还在起步阶段,农村和老小区的邻里关系更加紧密。而Z世代出生的时候,很多中国父母进入了城市。城市的社会环境相对隔绝,居住私密性好,Z世代中很大部分人从小就在一个封闭隔绝的社交环境中成长。在这种环境下,Z世代"宅家"逐渐成为常态。随着社交渠道的封闭,"宅家"的Z世代想要谋求更加广阔的社交渠道,所以在线社交工具在Z世代群体中被广泛青睐。Z世代也更喜欢通过游戏、自媒体等渠道去展开社交，拓宽自己的社交圈。

其二，个性化消费需求。Z世代成长在一个移动互联网发达，商品供应充足的时代。商品供应充足的背面则是商品供给过剩，同质化商品之间竞争激烈，激烈竞争必然激发供应商创新的热情，商家试图以差异化来拉开与竞争对手的距离，从而产生了大量个性化产品供应。而移动互联网的发达，则意味着长尾商品可以获得足够的用户量。过去小众的商品很难销售出去，因为线下商店的客户是有限的，货架也是有限的，所以线下商店必然选择那些需求旺盛的头部商品，忽视那些长尾商品，因为长尾商品卖出去太少，容易积压库存。而移动互联网改变了这一现状，几百万种商品可以集中在一个电商平台销售，而在全球任何一个地方只要能够打开网络就可以看到商品，最后通过物流获得产品，这样，长尾商品就有了足够的销量，哪怕全世界人口的万分之一购买，那也是70多万的庞大用户群体。所以，长尾的个性化商品大量出现在电商平台，并成为Z世代追求的目标。Z世代已经对标准化的头部消费品产生了审美疲劳，更加注重商品的独特性，更加注重商品和个人气质的匹配度。

其三，以"文化符号"集结。物以类聚，人以群分。网络社交媒体成为Z世代聚集地，而这些网络社交媒体往往以"文化符号"的方式来聚集拥有共同兴趣爱好的Z世代。这些由"文化符号"聚集起来的文化群体，我们往往称之为"亚文化圈"。Z世代的"亚文化圈"很多，举不胜举。

比如形象外观方面有汉服、洛丽塔、美妆等文化圈层；文化消费品方面有动漫圈、游戏圈、网文圈、盲盒圈、V家（虚拟偶像）、桌游圈、剧本杀圈；幻想文化方面有蒸汽朋克、赛博朋克、克苏鲁神话、西方玄幻、古风仙侠、兽迷等文化圈层。其他很多小众圈层，比如模型圈、MC建筑（《我的世界》中的建筑）、娃圈（洋娃娃）、冷兵器圈、动植物圈、汽车改装圈、冷门动物圈、军迷、历史迷等。Z世代的文化圈层非常丰富，其中一些圈层已经逐步向主流圈层靠拢，比如动漫、动画、游戏（ACG）已经逐步靠近主流文化圈层，Y世代的成长也伴随着ACG产业的发展，两个世代的爱好叠加，造就了庞大的受众人群。很多80后的Y世代已经能够和00后的Z世代打成一片，因为有比较多的共同爱好。

综上，Z世代的社交其实是以一种部落的方式进行，只不过Z世代的"文化部落"并非以血缘为纽带，而是以"文化符号"构成的"图腾"为纽带，具备相同爱好的人之间以话题建立纽带。"文化部落"内部，那些愿意分享且具备一定技能的人将成为意见领袖。比如在竞技游戏领域，技术好能够带朋友上分的玩家会获得很大的影响力。

文化部落：粉丝经济和盲盒经济

文化部落现象能够解释Z世代的一些文化现象，比如粉丝经济和盲盒经济。在粉丝经济方面，很多Z世代喜欢的明星并非仅仅是那种唱、跳、演技高超的传统艺人，而是需要不断地和粉丝互动，简单说就是"拉家常"，通过直播聊天方式来展现明星亲和力。Z世代明星供给端当前也多是采取工厂化造星的方式，每个明星都有独特的个性，但明星的生产，从出道、包装到粉丝互动都是以工厂化流水线的方式进行。明星在粉丝面前建立人设，塑造符合粉丝预期的人物形象；而粉丝根据自己口味"按需"追星。工厂化批量生产明星保证了明星供应，造星工厂也为每个明星设计了不同的人设，从而很好地满足Z世代粉丝个性化的追星需求。对Z世代来说，粉丝经济是Z世代的一个社交渠道。为了寻求幻想中的完美明星，有时候粉丝也会刻意引导明星人设向自己的偏好靠拢。

盲盒经济则是另一个有趣的现象。实际上在盲盒之前，手办就很有市场，但手办在国内并没有盲盒那样热。反对盲盒的人将盲盒看作是一种抽奖，或变相的赌博。但笔者认为"赌博论"观点有失偏颇，如果盲盒是抽奖，那么为什么Z世代不直接去抽奖刮双色球，而要去买盲盒？实际上盲盒里面昂贵的稀缺款，主要功能不是二次出售，而是在于社交，比如在朋友圈拍照分享吸引关注，又或者通过这些盲盒来做自媒体视频。在Z世代的"文化部落"里面，技艺高超的人能够成为意见领袖，在文化部落中会受到敬仰和追捧。而现实中并非人人都技艺高超，这就意味着不是所有人都能成为焦点。而购买盲盒可以用运气和金钱买到焦点款，是最容易在一个文化部落中脱颖而出的方式，相比于其他群体中意见领袖需要能力更强的状况，购买盲盒的行为要轻松很多。所以盲盒的火爆也是有道理的，玩盲盒的人属于同一个文化部落，他们之间是有共同语言的，了解哪些款是隐藏款，哪些是普通款。而在这些有着共同语言的群体中掌握话语权的，则是那些凭借运气和金钱买下隐藏款的人。这的确算是一个Z世代的社交特色。

元宇宙的"部落"时代

元宇宙时代，UGC主导元宇宙的发展。在最初规则落地之后，元宇宙内所有的内容都将由用户来缔造，而Z世代将是元宇宙第一代"原住民"，他们的偏好将深刻影响元宇宙未来用户内容的创作调性。由于Z世代文化的多元性，元宇宙中的内容属性也将多种多样。元宇宙最初吸引Z世代的依然是游戏，元宇宙起源于游戏产业，将游戏作为切入点顺理成章。但元宇宙的发展方向并非游戏，而是艺术。艺术起源于文化，不同文化生发出不同的艺术类型，不同的文化有着不同的艺术定义和内容偏好。

元宇宙中多元内容的趋势在当下已经初露端倪，体现在NFT上。NFT实质上是一种工具，由于虚拟货币的短期火爆，以NFT为核心的数字藏品的确出现了一定的炒作泡沫。但尘埃落定之后，很多符合Z世代文化品位的品牌和艺术藏品将会实现价值回归，Z世代爱好者们将聚焦数字藏品的藏品属性，围绕艺术价值和兴趣爱好对其进行品评。

和数字藏品一样，虚拟地产也出现了炒作泡沫。虚拟世界的空间本是无限的，但虚拟地产平台刻意地将虚拟世界划分为各类有限的空间，有限供给造就稀缺，而稀缺性推高了虚拟地产的估值泡沫。穿透现象看本质，虚拟地产平台真正值钱的不是虚拟地块编号，而是虚拟地块上的虚拟建筑，更确切来说是虚拟建筑所承载的文化主题，当虚拟地产炒作泡沫散去，支撑虚拟地产的只能是Z世代的文化共识。

另外，从Z世代的特性看，个人认为元宇宙和现实世界一样，会产生很多独特的语言系统。人类的语言存在地域性差异，是一个自然形成的过程。而元宇宙中的语言并非自然形成，而是同一文化部落中成员之间的沟通密码，通过这些语言符号来实现群体共鸣。

例子很多，比如MBOA游戏的爱好者之间的有些语言："开团""开黑""上分""打野""开大""超神""跃塔"等。在很多脱口秀和自媒体中，这些词的出现往往能够形成群体共鸣，从而让爱好者们找到彼此。

比如网络缩略语："YYDS"（永远的神）、"XSWL"（笑死我了）、"NBCS"（英文nobody cares，翻译为没人在乎）、"BDJW"（不懂就问）等。

网络语言在不断更迭，但是对于网络语言的意义还是有一些争议。笔者认为网络语言不是洪水猛兽。有一种假说叫作萨丕尔-沃尔夫假说，这种假说认为：在不同文化下，不同语言所具有的结构、意义和使用等方面的差异，在很大程度上影响了使用者的思维方式。由于信奉语言能够影响思维，很多家长反对自己的孩子使用这些网络语言，认为网络语言会让自己的孩子表达能力匮乏，缩略语表达是一种语言上的偷工减料继而导致思维的单一。

但事实上，这个假说是片面的。比如，英语里面表示颜色从浅蓝到深蓝的单词都是 blue，而俄语中有数十种词汇来代表不同程度的蓝，如果按照语言改变思维的说法，那么是不是英语区的人就分不清浅蓝和深蓝？事实并非如此，所有人都能区分蓝色深浅，人的视觉并没有因为语言差异而产生不同。心理学家史蒂芬·平克（Steven Pinker）说："无论语言的影响力有多大，它也无法触及视网膜的结构或者改变神经节细胞的连接方式。"

不过，需要关注的是，语言是一种社交通行证，是文化部落的外在表现。很多父母和孩子们沟通的时候，听到各种网络语言会感觉茫然，感觉自己无法融入孩子的世界里。孩子有一套属于自己的语言系统，而且孩子和孩子之间往往会用这些网络语言来传递信息。在 Z 世代的很多群体里面，外人很难理解"圈内人"的语言体系。所以，很多时候语言会影响人的社交圈。使用同一套语言系统的人，往往属于同一个文化部落。

语言对于社交的影响有时候也在潜意识层面。比如咖啡馆里面的拿铁咖啡，实际上拿铁这个词在意大利语里面是牛奶的意思，而你到咖啡馆买咖啡，只要你说拿铁，服务生给你送上的应该是一杯意式浓缩咖啡和牛奶的混合饮料，而不是给你一杯牛奶。而如果一个客人说"拿铁不加奶"或者"拿铁不加糖"，店员会认为这位客人不常喝咖啡，此时这位客人就会被咖啡店的其他客人从文化上区隔开来。

类似的表达，还有牛排几成熟，国外牛排的熟度一般是 rare（1分熟）、medium rare（3分熟）、medium（5分熟）、medium well（7分熟）、well done（9分熟，即全熟）。实际上几成熟的数字只是翻译的结果，但这在国内吃牛排领域就建立了一套语言体系。实际上这种语言体系在潜意识中也给人划定了圈层，很多年轻人会在吃西餐前做功课，来"伪装"自己的文化品位。这里面当然有虚荣心的成分，但这就是人类社会的特征。语言系统也是组织文化的重要组成部分。组织内的语言系统之所以存在，一方面是为了加强协作，"金鼓齐鸣"就是战争的语言，通过乐器、旗语这种语言系统来指挥士兵集体冲锋陷阵。另一方面是为组织文化服务的，比如互联网企业的语言系统中往往有很多"行业黑话"，比如金融企业的语言系统中往往会带很多"英文专有名词"。组织内部通过这套语言系统来体现专业性，虽然这种专业性体现只是一种"花架子"，但在组织内部成员的潜意识里，这种"花架子"是有用的。

综上，语言不会改变思维，语言是社交的通行证，Z世代创造网络语言是想在文化群体中达成共识，并在共识的基础上组建"Z世代的文化部落"。这种做法在人类社会中本就司空见惯，比如前文所述的咖啡文化语言体系、牛排文化语言体系、组织文化语言体系，不同的语言体系只是某个文化群体内部识别成员身份的一种方式。

元宇宙时代，全球语言的沟通障碍越来越少。即便用户外语不佳，同声传译系统也能够让用户了解对方表达的内容。传统语言的区隔越来越小，语言AI技术能够消灭语种隔阂。在同声翻译技术的辅助下，元宇宙更加高效率地把人聚集起来，无障碍沟通促进了人与人之间的协作。但同时，人类还是想要区分出彼此，因为"物以类聚人以群分"的特性没有改变，于是就有了全新的元宇宙"部落化"语言。因此，在元宇宙中，既有语言的统一，也有语言的分裂。当语种不能区分彼此的时候，元宇宙当中Z世代组成了新的文化部落，并创造了新的沟通语言。即使在Z世代内部，也会有人因为不熟悉其他文化部落的语言系统，从而被排除在外，但不要紧，每个Z世代在元宇宙中，都能找到自己的组织，找到趣味相投的人。

从"宇宙中心"到"群星璀璨"

早期的元宇宙是多元元宇宙的模式，在3D建模和游戏引擎中制造的虚拟物品,通过游戏编辑器嵌入游戏元宇宙当中使用,具备功能性和体验感,这些数字资产在元宇宙中具备实际功能,而这些装备作为生产工具,亦可以在元宇宙中换取货币,货币可以在元宇宙的零售区域用于消费。消费的对象可能是虚拟物品,也可能是现实物品,当购买现实物品的时候,智能物流会将这些商品配送到消费者家中。

但我们发现,当下这些元宇宙平台都是割裂的,你需要用 3DS Max 完成 3D 建模,将数字内容引导到虚幻 4 游戏引擎中添加功能,然后将游戏模组导入游戏当中,这样才会形成一个完整的元宇宙内容创作闭环,才会让 UGC 真正成为元宇宙创造的主流。但这些流程中的工具分属不同的企业,比如 3DS Max 属于 Autodesk 公司,虚幻 4 属于 EPIC,游戏模组属于罗布乐思这样的游戏公司。这些公司之间存在着壁垒。

元宇宙时代必须将多元元宇宙合并起来,通过标准接口,将所有的内容串接起来,从数字资产的设计、成型、功能赋予,到最终的实现,都需要在同一套标准下实现。打通这些接口有多种方式:一种是元宇宙联盟。数字资产整条产业链上的企业在同一套规则系统上运行,各类数字资产的转移畅通无阻。另一种是并购的模式。一家元宇宙企业通过并购,向上下游企业延伸,形成整个链条。这些方式最后会让元宇宙形成一个团体,这个团体将最终打造一个综合性的元宇宙,也就是这个元宇宙将担负所有元宇宙的关键功能。

虽然2021年是元宇宙元年，但实际上2021年的元宇宙尚在混沌当中。很多杀入元宇宙领域、自称是元宇宙的公司，但其实大多数只能承担部分元宇宙的功能。在未来，它们首先要实现整合，最具备人气的某个头部元宇宙最终会一统江湖，成为元宇宙未来发展的真正形态。

元宇宙平台之间的吞并是必然会发生的，和过去互联网公司之间的兼并大致相仿。互联网时代投资人说得最多的是"赢者通吃"。用户流量占优的应用软件具备更强的用户吸附力，用户流量可以变现，而变现之后这些应用所属的企业可以通过研发获得更强的技术优势、更多的数据。技术和数据优势反过来优化App的使用体验，继而又是更多的用户流量，循环往复，最终实现"赢者通吃"。元宇宙将延续"赢者通吃"的趋势，很多元宇宙最终将成为头部元宇宙平台，甚至出现一家独大的局面。

按照惯例，对于庞然大物，我们应该反垄断防止其进一步壮大。但元宇宙中虽然会有一家独大，但元宇宙形成模式不同，只要用户依然是元宇宙内容创作的主导者，那么"赢者通吃"对于用户来说可能并非坏事。在过去，很多互联网公司之所以成为巨无霸，造成了垄断问题，主要是因为这些互联网公司是中心化的，而元宇宙采用的方式是需求推动方式，说白了就是在元宇宙内部利用市场来推动其发展。

许多元宇宙逐步合并，最终出现一个头部的、综合性的元宇宙。

但元宇宙内部的内容却是由用户自己决定，由于用户主宰着内容方向，元宇宙平台公司虽然获得了用户，但其对于元宇宙的控制力会被减弱。笔者不认为元宇宙是去中心化的虚拟世界，元宇宙内部将通过联盟链构建新的权力架构，元宇宙平台、政府、用户代表将作为联盟链的节点，通过权限机制来履行职责。

分久必合，合久必分。元宇宙时代，平台会逐步整合，但与此同时，元宇宙平台也将展现群星璀璨的景象：

其一，文化部落重新定义人群。人们重新组建新的文化群体，以兴趣爱好为纽带组成部落，以不同文化基调来建设元宇宙。元宇宙内部呈现出百花齐放景象。

其二，元宇宙会统一，但元宇宙下的子宇宙依然群星璀璨，大量的子宇宙功能被保留。在元宇宙平台统一的过程中，这些子宇宙以积木的方式添加到元宇宙当中，实现整合效果。

其三，人类将智慧留在元宇宙，并逐渐累积。在元宇宙时代，人类智慧的光辉将更加璀璨，认知水平将实现飞跃，人类社会将借着元宇宙进入新的文明时代。

其四，大量技术的组合使用，将技术的效用发挥到最大。

元宇宙有合，一个综合的元宇宙会整合其他元宇宙。元宇宙有分，但这个宇宙内部却是群星璀璨的。

第七章

备战 or 拥抱，一个全新时代

科技进步在世界各地的发展进度，并不是均衡的。有些是被动地拒绝互联网，诸如亚非拉很多贫穷的国家，连智能手机都没有普及，当地居民连网费也付不起，互联网时代对于他们无从谈起。也有些人想要摆脱互联网的桎梏，认为互联网束缚了人类，人类应该回到原始、本真的状态，回到简单生活。

每当社会上升到新的发展阶段，人们都会产生两种情绪：

一部分人对于新技术时代抱有抵触情绪。认为新技术颠覆了以往的稳定态势，且新技术往往蕴含着很大的风险。在封建王朝，士大夫总是要求皇帝遵循"古礼"，动辄"尧舜禹汤"。而在工业革命初期，一个叫卢德的人带领人们冲进工厂，捣毁纺织机械，于是所有对新技术抱有敌对态度的人都被归为"卢德主义者"。卢德主义者在各个时代都存在，只是他们如临大敌的对象各有不同罢了。

另一部分人对于新技术则是拥抱态度。这些人认为用不用科学技术是一回事，有没有是另一回事。如果问拥抱者对于人工智能超越人类的看法，很多科技拥抱者可能会说："如果人类智力不如人工智能，那么就用人工智能来提升人类的认知水平。"

人类对新事物有着天然的恐惧，恐惧起于信息不充分、不对称，又或者恐惧是因为人类存在路径依赖，当对过去环境的适应力转变为习惯，就会改变态度。

也许，对于科技发展理想的情况是：卢德主义者来质疑，然后由科技乐观主义者提出解决方案。双方交替讨论，正反辩证，最终得出和科技共存的方式。

中国元宇宙现状

中国在元宇宙发展过程中采取了一种审慎的态度，但是对于元宇宙发展的支持依然是不遗余力的。国家层面，中央纪委国家监委曾于 2021 年 12 月发布文章《元宇宙如何改写人类生活》，文中提出："理性看待元宇宙带来的新一轮技术革命和对社会的影响，不低估 5～10 年的机会，也不高估 1～2 年的演进变化。"国家层面虽然依然缺少针对元宇宙的其他政策设定，但对于元宇宙总体的态度已经十分明确，就是以长期的视角来审视元宇宙，并将元宇宙相关政策设定在具体的技术层面，比如针对人工智能、数据、区块链来逐步完善立法，立足实处。

地方层面对于元宇宙的发展规划在内容上更加丰富。比如 2021

年12月上海市在印发的《上海市电子信息产业发展"十四五"规划》中将元宇宙写入发展规划；2022年1月浙江在《关于浙江省未来产业先导区建设的指导意见》中将元宇宙与人工智能、区块链、第三代半导体并列为未来产业重点布局领域；广州在2022年4月发布了《广州市黄埔区、广州开发区促进元宇宙创新发展办法》；无锡在2022年1月发布了《太湖湾科创带引领区元宇宙生态产业发展规划》；北京在推动通州成为副中心的过程中，提出成立覆盖元宇宙产业的基金；深圳福田区大力发展数字产业，拓展元宇宙应用场景。很多城市对于元宇宙非常重视，想要在元宇宙发展大潮中占据先机。它们的这种热情并非一时兴起，而是将元宇宙看作新经济的入口，想要通过探索元宇宙来实现产业升级。元宇宙并非单一的技术，是诸多数字关键技术整合的最终结果，而发展元宇宙能够让很多区域的数字产业，从单一产业逐步成长为产业生态，对区域数字产业的发展有良好的推动作用。

企业层面关注元宇宙的也越来越多，2021年12月，百度推出了自己的元宇宙应用《希壤》。早在2020年12月，马化腾在腾讯文化出品的年度特刊《三观》中就提出了全真互联网概念，认为未来互联网将是虚实融合的互联网。2022年6月，腾讯宣布成立XR部门，进军元宇宙。除了自身布局元宇宙，腾讯还进行了多维度的投资布局，比如投资Epic成为大股东，而Epic是核心游戏制作引擎虚幻4的开发企业；和罗布乐思合作，获得罗布乐思中国代理权；代理任天堂

Switch 主机的国行版。2021 年 9 月，字节跳动收购了 VR 头显科技公司 Pico，从而获得了进入元宇宙的一张门票。其他的企业，诸如华为、阿里、国美、天下秀等，都在元宇宙有所布局。

元宇宙产业问题

我国元宇宙产业发展红红火火，但也要看到，其发展也存在很多问题。相比于国外的元宇宙同行们，中国企业的起步虽然很早，但其中的大部分依然停留在表层。总结这些问题，主要有以下几点：

其一，国内各方对发展元宇宙存在分歧，且当前元宇宙用户在培育方面还有很大不足。各方对元宇宙的定义依然存在一些争议：政府将元宇宙看作是实体经济和数字经济的推进器，当前政策层面"脱虚向实"，更加希望元宇宙推动实体产业，尤其是制造业的发展。互联网巨头将元宇宙当作游戏产业的延伸，但当前国内游戏版号审批进度缓慢，所以互联网巨头倾向于布局游戏产业的硬件终端，比如 XR 设备，但众所周知，元宇宙和 XR 虽然有关联，但 XR 本身依赖于软件应用，没有应用的 XR 无法做到普及，而应用中的大头其实是游戏产业。投资人将元宇宙对等区块链，基于过去十年虚拟货币的狂热历史，他们更加关注基于 NFT 技术的数字藏品等内容，认为元宇宙是一场新的财富机遇。政府、互联网巨头和投资人，虽然都是从元宇宙本身出发来看问题，但是三者看到的元宇宙各不相同，而且都忽略了一个关键性存在，那就是用户。

当前我国元宇宙产业缺乏用户认同，缺少基于元宇宙元素的网络游戏，国内用户大部分未曾接触过元宇宙类型的游戏，如何谈得上了解元宇宙？如何能够实现并应用元宇宙？

其二，政策面对数字资产的态度尚待明确。2022年年中这个时间点，数字藏品在国内还算火爆，大量数字藏品交易平台涌现。但当前数字藏品在我国交易的合法性尚不确定。首先，2011年发布的《国务院关于清理整顿各类交易场所切实防范金融风险的决定》37号文和《国务院办公厅关于清理整顿各类交易场所的实施意见》38号文对文化产品交易进行了较为严格的限制，而大多数数字藏品属于文化产品，且多是采取拍卖等方式来达成交易，文化产品的拍卖交易有显著的合规风险。其次，2017年发布的《关于防范代币发行融资风险的公告》显示，从2017年至2022年年中，政策面对于代币也就是虚拟货币采取高压态势，逐步清理挖矿行为，清退交易所，限制虚拟货币在国内的交易，尤其是要求金融机构和虚拟货币完全脱钩。数字藏品大多数和NFT结合，众所周知，NFT是非同质化代币，属于代币的一种。对于虚拟货币的限制政策，如果未加明确也适用于数字藏品，这就导致数字藏品在当前存在是否合法问题。当然，实际上NFT是加密令牌，它更像一个防伪标签，和代币存在区别，故而法律层面需要进一步对NFT给出明确的定位。

但话又说回来，政策上的审慎是正确的，文化市场的确存在藏品炒作的问题，NFT认证下的数字藏品也存在很多的泡沫，数字藏品之所以在过去数年出现了几何式增长，归根到底还是因为NFT多是和虚拟货币挂钩，通过虚拟货币进行交易，而虚拟货币在过去十年水涨船高，一路凯歌，也客观上加速了NFT泡沫的形成，所以遏制泡沫趋势是完全有必要的。但未来元宇宙的发展需要NFT和数字货币参与来解决一些实际问题。NFT的核心是工具，技术无罪，工具有用，要取其精华去其糟粕，诸如纳入合法化，方为可取之道。

其三，公众对于元宇宙的期待有些好高骛远。很多人期待元宇宙的到来，但事实是当前比较确定的元宇宙应用依然只有游戏，而游戏很难有解决现实世界问题的能力。我们需要做的是，重振元宇宙的基础产业，将游戏、XR、区块链、人工智能等产业做好，当前的技术水平落地应用的仅仅是沙盒游戏和数字藏品等元宇宙元素，距离真正的元宇宙还很遥远。

中国游戏产业

中国音数协游戏工委与中国游戏产业研究院发布的《2021年中国游戏产业报告》显示，2021年中国移动游戏市场实际销售收入2255亿元，同比增长7.6%，用户规模达6.56亿人，同比增长0.2%。2021年，中国客户端游戏市场实际销售收入588亿元，同比增长5.15%。从这些数据可以看出：中国游戏产业中移动端游戏比PC端游戏规模更加庞大，而中国移动端的游戏玩家数量已经逐步见顶，手游未来将对存量玩家的时间和金钱展开争夺，竞争日趋激烈。

但当前中国的端游和主机游戏的产业发展也受到一定的限制。端游和主机游戏不够发达，尤其缺少 AAA 游戏[①]作品。开发一款大型游戏，尤其是 AAA 游戏，投入周期至少要 5 年起步。国外很多游戏公司在游戏开发上有更多积累，比如任天堂马里奥系列游戏，无论是《超级马里奥奥德赛》《马里奥制造》《马里奥赛车》《超级马力奥派对》等都可以追溯到红白机时代的《超级马里奥》，都是在过去作品的基础上展开后续研发，形成了一个系列的开发。大型游戏企业内部，游戏风格往往较为一致，且游戏 IP 可以相互赋能，一些游戏场景的建模可以从游戏公司内部调用，很多游戏公司甚至通过早前游戏开发获得了定制化的游戏开发引擎。而中国很多游戏公司并不具备这些基础，所以中国在端游和主机上往往更强调游戏性，聚焦于小型游戏。

不过最近几年中国的游戏产业在端游也在进行积极的探索，比如网易的《永劫无间》，比如米哈游的《原神》，在 2022 年上半年这些游戏在国内外市场都获得了很大的成功。当然这些游戏也并非白手起家，很多玩家喜欢将《永劫无间》和 20 年前老游戏《流星蝴蝶剑》比较，也喜欢将《原神》和任天堂的《塞尔达传说：旷野之息》

---

① 即开发成本高、开发周期长、消耗资源多的游戏。

比较。笔者认为这些游戏都是制作精良的游戏作品，没有可比性，出现一些较为类似的元素是因为我国在端游开发方面积累的时间还十分有限，但仍有快速发展的潜力。

国内端游和主机游戏产业除了新游戏数量不够多，还有个比较严重的问题，就是当前全球游戏产业正在平台化，而中国缺少游戏平台化公司。平台化的源头是奈飞，奈飞是硅谷早期巨头，1999年奈飞就推出了天幕计划让消费者订阅付费，如今我们很多应用所采用的月付、年付模式，就是从奈飞开始的。因为单个游戏的售价都比较昂贵，传统的游戏租赁模式往往会让玩家收到不喜欢的游戏作品，因为要玩过才知道这个游戏好不好。因此全球游戏产业头部企业转向包月、包年的平台模式，通过支付固定费用，玩家可以玩平台上会员对应权限的所有游戏；另一方面，平台通过在线数字版游戏的开放下载，能够让玩家获得实惠，同时也占用了更多的玩家游戏时间。

Steam、Epic、任天堂、索尼的PS系列主机、微软的XBOX系列主机等，都在转向会员付费模式，转型为游戏平台，继而通过版权独占的方式来增强自身的竞争力，有人会为了追某部剧去开通视频网站会员，同样，玩家也会为了某个游戏去开通游戏平台会员。游戏公司平台化趋势正在形成，游戏制作公司的话语权逐步减弱，笔者担心，诸如《原神》《永劫无间》等国内自主研发的优秀游戏作品未来可能受制于国外游戏平台。

第七章 备战 or 拥抱，一个全新时代

国内端游、主机游戏产业不振，一方面的确是游戏制作公司投入在减少，不愿意打造长周期的 3A 游戏，因为 3A 游戏的制作风险很高，既有监管的风险，也有市场认可上的问题，另一方面国内游戏制作公司也面临着下游游戏销售渠道的困境，在端游和主机游戏方面，大多数游戏的销售渠道都在国外平台手中。这些渠道平台会雁过拔毛，会对游戏进行抽成，且游戏平台拥有大量独占游戏，和第三方独立制作游戏展开同业竞争，故而对中国独立端游、主机游戏制作大为不利。与此同时国产端游和主机游戏当前还存在合规问题，国内对于端游和主机游戏采取的是逐个审核的方式，在国内游戏平台公司较少的情况下，很多中国产端游、主机游戏不得不通过海外游戏平台来获取游戏营业流水。

我国手游情况好于端游，手游的销售依赖手机商城，全球手机商城大致分三种：苹果商城，国外 GMS 套件的谷歌商城，国内智能手机自主开发的手机商城。手机应用商城虽然也是平台，但并非游戏专业平台，不存在同业竞争，所以手机应用商城对于国产手游来说更为友好，故而客观上催动了我国手游产业的蓬勃发展。

中国手游的发展还受益于游戏内购模式的普及。游戏内购和游戏买断是两种游戏销售模式，我国热衷游戏内购有一定的历史原因，20 多年前，在游戏产业发展的早期，国内在版权保护上比较粗放，所以单机买断游戏的制作商并没有赚到钱。国内网游时代来临后，以《传奇》《奇迹》《魔兽世界》为代表的中国网游产业蓬勃发展。

中国游戏厂商也发现了一条捷径：以游戏内购的方式来实现盈利，而网游一般情况下很少有盗版（网游也有私服，但私服体验不如官服，生命力不强，且随着游戏本体复杂度提升，私服也失去了生存空间）。所以在那个时代崛起的游戏公司，都是从网游起步。

发展到手游时代，互联网思维开始大行其道。互联网思维中有一个核心是免费。通过免费来吸引消费者，在消费者积累到一定量的时候实现流量变现。中国网游、手游制作公司迅速转向以免费游戏的方式来吸引玩家，以游戏内购的方式来实现盈利。游戏内购其实也影响了全球游戏产业，国外很多买断制的游戏厂商也在借鉴这种模式，他们用试玩版来吸引玩家，在买断游戏之后，又通过持续推出可下载内容（Downloadable Content，DLC）来实现后续收费。

游戏内购对于中国游戏厂商来说是不错的选择，能够让游戏成为长期饭票，但游戏内购也存在很严重的问题：

其一，游戏内购会导致玩家沉迷。互联网模式以免费吸引玩家，但让玩家付费内购却增强了他们游戏的沉迷性。玩家参与内购需要理由，很多游戏厂商就在游戏平衡上做手脚，玩家不氪金就会被其他玩家欺负，以胜负心和沉迷性来引导玩家付费。可以说游戏内购客观上导致我国游戏产业重沉迷、轻内容的局面。

其二，游戏内购让游戏产业更加浮躁。内购游戏的开发时间普遍很短，因为内购类游戏是免费开局，游戏公司往往急于将游戏半成品推向市场，通过后续打补丁、增强沉迷性玩法的方式来引导玩家付费。而买断游戏是收费开局，如果作品不能一口气抓住玩家的心，滞销会击溃游戏制作方。所以，内购模式主导下，游戏产业逐步弱化了对游戏细节的追求，产生了浮躁心理。

游戏内购模式的存在问题，导致游戏厂商不太热衷于 3A 游戏，注重游戏性而不是画面体验，注重短期开发不注重长期投入，热衷于添加游戏沉迷套路，不注重游戏内容的填充。所以防沉迷一直是我国游戏产业中的核心话题。

笔者认为，在坚持未成年人游戏防沉迷的基础上，要推动游戏回归娱乐本源，在游戏防沉迷和游戏产业发展之间取得平衡，可以从以下几个方面来完善中国游戏产业：

其一，鼓励游戏制作方转向买断制。引导游戏公司重新打磨游戏内容，寓教于乐、有益身心的游戏内容才应该是主流。内购氪金游戏的确能够快速获得回报，但内购模式客观"激励"了游戏制作公司引导玩家沉迷。与此同时，为了激励游戏买断模式，一方面需要加强知识产权保护，要让游戏制造商赚到钱，树立技术壁垒；另一方面需要引导游戏公司推出试玩版本。日本的版权制度就走过弯路，虽然日本有良好的知识产权保护体系，但在 2015 年前，日本版权法不允许用户试读。但就像看书一样，不打开书，我们就不知道这本书好不好。游戏也一样，保留试玩版为玩家保留了一扇了解游戏的窗口。

其二，鼓励游戏平台企业建设。国外有奈飞，国内也有爱奇艺、优酷、腾讯、B 站等视频网站，包月模式既适合影视领域，也适合游戏领域。对于游戏玩家来说，平台包月的花费往往少于买断单个游戏或者游戏内购氪金的花费，且最近几年我国对于平台经济的监管经验也在逐步累积，国家监管平台、平台监管内容的体系正在逐渐形成。个人认为，这种平台管理的趋势未来也将延伸到元宇宙当中。

其三，以分级制代替版号审批制。分级制是国外大多数国家对于游戏的监管方式，分级制的好处在于，对于游戏制作公司来说，分级制大大降低了发行风险，大多数游戏可以通过提高用户允许年龄的方式，让游戏适配规则，这样游戏公司在制作游戏方面就更愿意投入。而分级制也能很好地对用户进行分层，将合适的内容送达适合的玩家群体，从而真正意义上实现未成年防沉迷。举一个典型的例子，当前防沉迷制度十分严格，但实际上很多未成年人是用父母的账号来登录游戏，甚至有小学生为此还专门购买了技术设备来通过人像识别认证系统。而比较遗憾的是，现实中很多家长实际上对未成年人的行为睁一只眼闭一只眼，甚至有家长将自己的身份信息给孩子。其中真正的原因，是家长对于孩子所玩游戏的内容并不了解。而分级制对游戏内容进行了大致描述，家长就会对游戏内容进行判定。故而分级制远比游戏中的防沉迷提示效果要好。

综上，游戏产业的这些举措对元宇宙同样重要，因为：

首先，元宇宙早期的形态其实就是游戏，游戏是元宇宙的起点，游戏产业什么样，元宇宙就什么样。

其次，元宇宙会以 UGC 也就是用户创造内容的方式来发展，而用户创造内容实际上也存在未成年防沉迷等诸多问题，比如短视频也有成瘾性，所以要用一套完善的法规来规范内容创作行为，比如分级制，在合规内容、适当内容、违规内容之间划好边界。这种制度建设宜早不宜迟。

最后，元宇宙更适合买断制，因为买断制可以摆脱平台对元宇宙的长期控制，实现去中心化。如果元宇宙是需要内部付费的，那么元宇宙很可能沦为元宇宙平台公司的印钞机，不利于元宇宙的长期发展。

综上，近几年，由于缺乏新作品、短视频内容的冲击、玩家耐心减弱、政策上收紧等原因，我国游戏产业从短期看进入了一个瓶颈期，但元宇宙可能是新契机，游戏产业是元宇宙发展的前提，应该优化游戏产业土壤。大禹治水，在疏不在堵。

中国区块链产业

从 2022 年年中这个时间点看过去几年区块链的发展，政策上出现了一些"左右手互搏"问题。对于区块链技术政策上有支持，比如《中华人民共和国国民经济和社会发展第十四个五年规划和 2035 年远景目标纲要》（简称《"十四五"规划》）中就将区块链列入数字经济发展的七大重点产业，这也将区块链技术放到了无比重要的高度。

2021年6月，工业和信息化部、中央网络安全和信息化委员会办公室联合发布《关于加快推动区块链技术应用和产业发展的指导意见》，提出从标准体系、技术平台、质量品牌、网络安全、知识产权等方面着力提升区块链产业基础能力。这些政策都是激励的政策，但从另一个维度看，我国对于区块链主导的代币应用总体上是限制的态势。

2013年12月，央行等5部委发布了《关于防范比特币风险的通知》，这也是政策层面最早对区块链技术下的虚拟加密货币进行关注，并明确比特币等虚拟货币不是法币。2017年9月，央行等7部委发布了《关于防范代币发行融资风险的公告》，明确代币发行融资本质上是一种未经批准非法公开融资的行为，涉嫌非法发售代币票券、非法发行证券，以及非法集资、金融诈骗、传销等违法犯罪活动；规定任何组织和个人不得非法从事代币发行融资活动。其后2021年9月，发改委等11部委发布了《关于整治虚拟货币"挖矿"活动的通知》，将"挖矿"列入淘汰产能。2021年9月，央行等10部委发布了《关于进一步防范和处置虚拟货币交易炒作风险的通知》，明确比特币、以太币等虚拟货币不具有与法定货币等同的法律地位；相关业务活动属于非法金融活动；境外虚拟货币交易所通过互联网向我国境内居民提供服务同样被定性为非法金融活动。

政策层面实际上归纳起来就是两句话：鼓励区块链技术解决现实问题，但不认可区块链的金融属性。区块链技术金融化的问题比较突出，大多数虚拟加密货币本质是一种融资，虚拟加密货币不可能成为世界货币，因为虚拟加密货币价格波动过大，稳定性差，高波动性代币是无法成为全球商品流通交易媒介的，也无法像储蓄资产一样作为个人财富储备。从 2022 年年中看，随着全球主要央行开启加息，法定货币紧缩状态使得比特币等加密货币价格迅速回落，虚拟加密货币价格泡沫正在破裂，随着水落石出，裸泳者正在浮出水面。

虚拟加密货币是融资，是泡沫，也许是新的"郁金香泡沫"。但区块链技术的确给现有法定货币体系带来了一些启发，比如中央银行数字货币（CBDC）就是区块链技术支持下的一种有效尝试，央行可以用区块链技术来发行信用货币，前文已经探讨过数字人民币和元宇宙的融合，此处便不再赘述。

虚拟加密货币泡沫破裂，那么 NFT 认证下的数字藏品、数字资产呢？至 2022 年年中，实际上并没有很明确的法规来规制数字藏品。有人将数字藏品归入代币的范畴，认为当前规则不支持数字藏品的二级市场交易，但一级市场发行数字藏品没有规则障碍：比如阿里拍卖于 2021 年 520 拍卖节中，推出万文广、猫爹雨海等艺术家创作的共计 66 件数字藏品；比如腾讯通过旗下幻核（幻核是腾讯旗下的 NFT 交易软件）与《十三邀》（《十三邀》是腾讯旗下创新准直播访谈节目）发行声音类数字藏品；比如新华社发行首套新闻数字藏品；比如人民网 2022 年 6 月上线自主研发的人民数藏（《人民日报》头版的数字藏品）。

互联网平台和官媒都采取了比较积极的态度，而这些积极的行为主要是因为数字藏品和数字货币有着很大的不同。数字藏品并不只是因为稀缺性和金融性，其本身就有艺术价值，只是通过数字形式来展现。其艺术价值是由作者创意决定的，并不是由数字或者纸张这些载体性质决定的，而新闻媒体的作品也凝聚了作者的努力，是有其收藏价值的。尤其是一些标志性的新闻，比如《人民日报》的头版头条就包含很多中国发展变迁的历史瞬间，这些瞬间是值得纪念的，做成数字藏品也有很高的收藏价值。

所以 NFT 和数字藏品的结合并非没有意义，以数字藏品为首的数字资产和虚拟货币存在的不同点是：数字藏品本身具有艺术和商业价值。

在元宇宙时代，区块链技术除了和数字资产结合确权之外，还会有更多的功能性应用。这里做几个区块链功能性举例。

在权证方面，可以利用区块链技术引入 NFT 通证。在购房、购车和知识产权授予的过程中都是需要出具权利证明的，大多数权利证明当前不能在线交易，权证所有者只能通过权证过户的方式来实现权利交割。所以在法律里面对于交付生效还是登记生效都有一套复杂的认定体系。比如房地产交易领域就存在这样的问题，有人在出售房产的时候一房多卖。由于房产是以变更登记为产权过渡的主要标志，房产出售人如果只签订了合同，拿到了钱，却没有过户，那么房产产权其实没有实质性变更。这当然是犯法的，最终法院会支持利益受损的一方，但这种纠纷造成房产买卖双方之间产生了不信任感。利用区块链，房地产权证可以转变为线上权证，房地产数字权证和数字藏品一样，数字权证的每一次交易都会向整个区块链广播，区块链技术能够让用户查到房地产的历史交易记录，谁买谁卖出一目了然。同样的技术还可以用在知识产权保护上，知识产权买卖如今也需要变更登记，权证不能作为一种实际物品进行流通交易，如果通过区块链赋予线上权证，知识产权权证就可以在买卖双方之间直接交易。

在发票和行政管理方面，当前很多政府部门都要做台账，事无巨细将一些日常事务通过台账来记录，明确政府公务员的责任划分，也是一种政府内部免责的重要手段。某个文件谁接手的，给了谁，都要有迹可查。但这种方式依然不是完全安全的，台账可以很明确地表明文件的传递路径，但不能避免文件被中途篡改、替换。通过区块链技术，文件可以实现线上传递，同时也可以避免文件被中途窜改，因为区块链下的文件是不能修改的，即便是系统管理员或部门最高领导，都不能窜改文件内容。还有就是发票，过去的发票税务部门实行连号销售，按发票号码顺序使用来实现防伪，对于税务部门来说，可以通过看发票连续使用情况来对企业进行查账征收，但发票的接收方未必能够直接辨别真假。而区块链可以在发票开具方和接收方之间建立互信，因为区块链本身就是分布式账本，可以通过整个区块链网络的连续记账,来对发票出具的真实性进行辨别。但是,这里区块链应用会有个问题,那就是开错发票或者写错文件对于区块链来说是件很麻烦的事,过去我们只要回头略做修改就可以解决,但在区块链网络中用户不得不做回转操作,比如通过反向业务来纠正错误,然后重做,这加大了错误修正难度,但增加了业务执行的刚性。

在电力方面,区块链可以让分布式能源网络成为现实。我国电力市场由三个部分组成:发电企业、电网和终端电力消费者。过去发电企业只能以固定价格将电力卖给电网,比如A发电者的电力运送到消费者需要经过数万公里的输配电设施,存在巨大损耗,但B发电者的客户就在对门,损耗几乎为零。而电网给A、B两个发电者的定价是相同的。事实上我们可以考虑搭建一个电力系统的数字孪生,将电力的每一度电定义为区块链网络的一笔记账,将电表读数同步到区块链网络,那么电力的传输和消耗,就能很好地在电网的数字孪生中体现出来。比如,B发电者客户就在对门的话,那么他就直接将电力通过电网销售给对门的客户,B发电者在电网送配中的消耗几乎为零。而A发电者客户在数万公里之外,其就不得不支付较高的电网损耗费。这样做的好处在于,用市场的手推动能源网络布局结构优化,电厂要考虑输配电成本的问题,从而让电站布局更加合理。

区块链作为底层技术平台,在元宇宙中的应用无处不在。数字资产是其中最核心的方面，区块链技术可以和元宇宙中的虚拟现实商品结合。比如我们要买一个品牌包，元宇宙的品牌店中会有货架，货架中的商品是实际商品的 1∶1 映射，消费者在元宇宙买下了这个包的虚拟映射，而同时现实中的包通过物流送到消费者手中。在这个过程中，区块链可以保证现实世界物品和虚拟世界的映射一一对应，且独一无二。若这些包要在二级市场交易，用户之间可以在线实现虚拟映射商品的转移，再实现商品的实物交付。而如果有人偷窃了此包，也是无法销售的，因为他没有这个包对应的虚拟映射商品。

综上，概括起来区块链的主要功能是三个：存证、互信网络下的多方协同、虚拟资产价值转移。这些应用都是面向未来的应用。"区块链货币有泡沫，区块链技术没有泡沫"，我们应该本着务实的态度看待区块链技术，取长补短，发挥其长处。

元宇宙是需要区块链的，如何扬长避短来实现区块链的综合应用？单纯地将区块链技术交由市场运行并不妥当，因为很容易发生市场失灵现象。市场主体是追逐利益的，过去十年区块链最核心的财富故事就是虚拟货币，而从 2022 年年中看，虚拟货币泡沫正在破灭，很多"法外之徒"也纷纷举起镰刀收割最后的韭菜。有人疯狂发行新币，有人专门套用交易所代码来建设非法的虚拟货币交易所，开交易所的人利用交易抽成规则割发行虚拟货币者的韭菜，发行虚拟货币者割普通投资人的韭菜。所以，我国对于区块链金融非法应用的打击是有必要的。

如果市场会失灵，有形的手就必须站出来。在支持区块链方面，需要由政府主导建设一些基础设施。比如区块链的联盟链，区块链分为公链、私链和联盟链，区块链的记账权是通过一种共识机制来赋予的，比特币的共识机制就是挖矿，谁算力高，就由谁记账，记账的人获得比特币。虚拟货币有多种共识机制，而并非只有算力证明，比如权益证明也是一种共识机制，再比如节点投票也是一种共识机制。从投票的角度看，公链是人人都有投票权的区块链网络，私链是单个组织机构主导的区块链网络，而联盟链介于两者之间。

我国政府可以主导一个联盟链性质的区块链平台，在这个联盟链平台上，共识机制赋予政府节点比较高的投票权重，其他各方也作为联盟链节点加入进来，包括互联网企业、社会公益组织、用户代表等，这样，既能在各个节点之间建立制衡，防止某个节点控制区块链，也可以通过政府代行监管的方式，监督区块链应用的合规性。

尤其是利用区块链可追溯的功能，可以防止不法分子利用区块链技术割韭菜。联盟链的算力可以借鉴以太坊的 gas 开销机制，利用政府联盟链平台开设智能合约的人根据区块链网络的算力开销，支付一定的算力成本；而提供算力支持的企业，可以从这些支付中获得一定的记账收益。

中国数据交易市场

元宇宙时代数据要素的重要性不言而喻，数据当前主要的功能有两个：

第一个功能是通过数据挖掘信息。数据和信息是两个概念，数据中包含信息，数据分析就是从一堆数据中，通过算法和专业分析，提取出信息、结论、知识。有些平台通过数据来获取个人信息的行为被广为诟病，《中华人民共和国个人信息保护法》颁布实施之后，个人信息数据挖掘的应用空间将越来越小。但实际上数据也可以用来做科研分析，诸如电力数据就是研究宏观经济的重要依据。

第二个功能是通过数据来培训人工智能，在机器学习人工智能时代，数据训练已经成为人工智能提升智能水平的主要方式。人工智能是未来社会生产力的主要推动力，也是元宇宙的关键要素。

正因为数据要素的重要性非常高，我国政府因此不遗余力地推动数据要素流通，推动数据要素市场化。2019年10月党的十九届四中全会通过的《中共中央关于坚持和完善中国特色社会主义制度推进国家治理体系和治理能力现代化若干重大问题的决定》中将"数据"作为生产要素之一，其后政府从各个层面推动数据要素流通，而到2022年6月，深改委审议通过了《关于构建数据基础制度更好发挥数据要素作用的意见》。从2019年到2022年，从提出数据生产要素到构建数据基础制度，我国对于数据要素交易监管的体系架构逐步形成。

为什么要强调数据的要素作用？为什么要规范数据交易？原因主要有以下几点：

第一，数据交易在互联网时代早已存在，随着互联网的发展，数据交易规模越来越大。但数据交易存在一个致命的问题，一些数据交易通过黑市或者私下进行，数据中包含信息，个人隐私、商业机密和国家机密也包含其中。而非正规经济运行模式下的数据交易对于这些敏感信息缺乏管理，导致全球范围内的数据、信息安全问题频发。这种无规则的数据交易，不但会破坏人与人之间的信任，还会造成非常严重的负面影响。所以，规范数据交易是互联网发展的必然结果。

第二，数据确权难以实现。

细分为两个问题：

首先，数据要不要有产权？有人认为数据不应有产权，互联网是用来分享共享的，有产权就会导致数据集中，数据被使用才有价值，而数据集中阻碍了数据价值释放。更多人认为数据应该有产权，产权是数据使用的基础，数据使用者购买数据时要知道交易对方有哪些权益，确定这些权益合不合法，产权政策是一切市场交易的前提。数据上包含敏感信息，如果以完全共享、分享数据的方式来推动数据交易，那么敏感信息将会被他人获取。为保护个人信息，防止信息滥用，必然需要赋予数据产权。

其次，数据上的权利应该是所有权还是用益权？有人认为数据所有权应该属于产生数据的个人，但数据所有权是非常难划分清楚的。用户在线购买了商品，拥有购物信息所以有所有权，平台和卖家也说这是他们的信息，他们也有所有权。所以数据所有权应该是用益权，而当多种用益权叠加的时候，我们要对数据的权益进行分置和分割，比如将数据资源持有权、数据加工使用权、数据产品经营权等分置。互联网用户获得数据的权益，就可以通过授权的方式，从数据使用者手中获得权益收买的对价，这样用益权的归属就可以明确。用益权还能让一类数据权属得到进一步明确，这类数据就是公共数据。公共数据产生的时候没有和个体绑定，但公共数据的收集者和加工者付出了劳动，理应获得回报。

综上，数据确权是数据交易领域的重点问题，我们需要为数据赋权，而数据赋权的不是所有权，而是用益权，而用益权的确定又要在实践中积累经验，如今的总原则为"谁投入、谁贡献、谁受益"，但具体数据种类的权益分配还要具体来看。

第三，数据异构性增加了数据交易监管难度。

为了促进数据要素流通，市场开设了很多的数据交易所，但数据交易所交易的大多数数据是结构化数据。而互联网中大量数据是非结构性、半结构性数据。当前针对数据管理我国采取的是分类和分级策略，分类就是根据数据来源分为个人数据、企业数据、公共数据，分级是根据数据的重要性对数据采取不同的数据交易监管措施。但这些措施往往只能针对结构化数据，对其他类别数据往往难以分类，比如图形、视频数据，视频数据可以用来训练视觉AI，但有可能就包含个人隐私和商业机密。比如一个视频数据包中99.99%的数据是自动驾驶影像采集数据，而仅有0.01%可能存在敏感信息，那么如何对信息进行归类和分级？前文讲过一个AR游戏《宝可梦GO》，用户可以在捕捉小精灵的时候拍照，但他并没有意识到背景里面可能包含一些国防信息，而这些信息一旦落入专业情报分析人员的手中，立马就成为探知机密的关键线索，而这些敏感区域的图像信息，只占所有游戏拍照内容的0.01%不到。所以，异构数据是当前数据的主流形式，但政策面对于数据交易的经验主要集中在结构性数据，对异构数据的分级分类，还需要进一步积累经验。

第四，数据安全阻碍数据交易。

数据承载着大量的信息，而我国当前信息隐私保护形势比较严峻，起因是互联网发展太快，而对数据、信息安全的法规制度跟进却比较缓慢。我国于2016年7月施行《中华人民共和国网络安全法》，2021年9月施行《中华人民共和国数据安全法》，2021年11月施行《中华人民共和国个人信息保护法》，实际上我国在数据安全上的法律已经日趋完备。但光有立法并不足以解决所有数据安全问题。一方面数据安全执法、监管等方面依然困难重重，数据安全问题一般是事后监管，甚至于有时候数据安全事故已经发生，有些企业会刻意隐瞒数据泄露的事实，当用户账号被盗的时候，也很难搞清楚是企业数据安全不到位,还是用户自身用了不该用的软件,上了不该上的网站。另一方面数据安全技术提升永无止境,道高一尺魔高一丈。互联网日趋复杂,黑客的手段也越来越多,就像"猫和老鼠的故事"一直在上演。

不管你是反感还是赞成数据交易行为,数据交易市场肯定是越来越庞大的,数据是有实实在在的需求的,当下很多人工智能小企业在推进智能算法的时候,真正的瓶颈不是算法,而是数据。如果不给数据提供一条规范化的交易渠道,数据需求方必然会向数据黑市购买数据,而黑市数据交易必然产生更多数据安全问题。

未来元宇宙时代,我们也需要有一套行之有效的数据利用机制,很多人说元宇宙时代是用户主导,但数据并非掌握在用户手中,如果平台利用用户数据来割用户"韭菜",就好像近几年出现的"大数据杀熟"一样,那么用户主导的元宇宙发展理念根本无从谈起。所以,在元宇宙时代,我们需要通过一些原则来规范数据交易行为。笔者认为,一个保障数据交易的规范体系,至少应该包含以下几点:

其一,制定一部有关数据交易的法律。法律内容应该包含数据确权、数据交易、数据安全责任的相关规则。针对异构数据采集,数据权属确定可以通过判例解析的方式来补足。在大原则下,针对不同的异构数据制定不同的数据交易细则。

其二,重新思考实名制。实名制是必要的,但是实名制是否需要网站来登记用户隐私信息?有些 App 要求用户登记的信息并非必需信息，它们甚至会要求用户上传手机中的联系人列表，来获得个人信息，这些信息是这些平台业务扩张的基础，某些金融平台甚至会在用户贷款违约的时候，向用户的手机联系人列表逐个打电话，以此来对用户施压。所以，在实名制认证方面，要结合"数据信息收集最小化原则"，如无必要不能收集多余用户信息。除此之外，可以考虑第三方身份识别系统。比如互联网平台要进行实名认证，它需要用户授权账号和密码来登录，但在实名认证的时候，平台可以跳转到公安信息系统，如果实名匹配成功，平台保留一个隐名，这个隐名对应公安系统的某个实际用户，但并不显示用户的真实隐私信息。对于平台来说，已经验证了用户信息，如果有数据泄露，也通过隐名保护了用户的关键性隐私。

其三，推动政府数据开放。各地都在建设大数据综合服务中心，大数据综合服务中心横向整合了各个部门的信息系统，打通各个部门的数据库，完成聚合。在过去，各地政府内部也有整合 IT 系统的一体化政务平台，比如浙江就有"浙里办"，社保信息、违章信息、公共缴费、证照核验都可以在一个 App 上实现。但现实中，政府内部数据整合依然有很长的路要走，因为各个部门都有各自的数据库和 IT 系统，比如交通部门有违章数据和交通视频，而人社局有社保信息，工商局有企业信息，各类信息之间相互独立，并不存在隶属关系。所以，虽然各地政府能够提供信息查询便利，但实际上各地政府内部的数据依然是由各部门分开管理的。大数据综合服务中心是工信部下属单位，在汇集政务数据方面往往面临权限不足的问题。为此，2022年10月28日，国务院办公厅印发《全国一体化政务大数据体系建设指南》（以下简称《指南》），对政府内部数据一体化给出了时间目标，《指南》计划于2023年年底前，初步形成全国一体化政务大数据体系，到2025年，政务数据资源实现有序流通、高效配置。可以看出，政府数据开放已经在政策层面得到充分重视，未来政务数据将通过数据交易所拍卖流向数据分析和AI企业，以此释放政务数据的价值。

其四，用数字技术来守护数据安全。比如通过AI算法来优化数据治理，利用加密技术来提高数据存储、流通中的安全性，通过类似区块链的分布式数据库技术来保管数据。数据安全的关键，还是提高防御系统的能力。

其五，制定数据安全标准。比如数据包传输、API数据接口传输，都是可以通过制定安全标准、规范的方式来提高数据交易过程中的安全性的。当然也要明确数据传输之前和传输之后的责任，增加数据平台在数据管理上的安全责任，这一方面是为了数据安全，另一方面也是促使大型数据平台通过对外销售数据的方式，来减轻自身数据管理责任，减少数据管理压力。

综上，作为元宇宙核心生产要素的数据要素，既可以是元宇宙生产力的驱动力，也可以是现实世界生产力的驱动力。

中国 UGC 产业

UGC 是元宇宙的实现路径，元宇宙不是由互联网平台建设形成的，而是在用户一砖一瓦的自发建设下形成的。实际上大家对 UGC 产业也很熟悉，这几年国内兴起的自媒体产业就是 UGC 产业。自媒体平台并非内容的生产者，平台只是内容的搬运工，平台上所有的内容都来自用户，取之于用户，用之于用户。当然，UGC 的模式并非只限于自媒体，罗布乐思是元宇宙，也是游戏自媒体，也是 UGC。

我国 UGC 产业主要还是以自媒体平台为主。在当前区块链技术金融应用受限的大背景下，UGC 产业主要是通过平台主导利益再分配的方式促进发展。就结果来看，罗布乐思给游戏制作者分配利益的方式和国内自媒体平台奖励内容创作的经营模式没有本质不同，甚至我国的自媒体平台比国外所谓的 UGC 产业发展模式更加成功。比如抖音的海外应用 TikTok，2017 年 5 月，TikTok 才在海外上线，到 2021 年 9 月，TikTok 海外月活首次突破 10 亿大关，到 2021 年年底，TikTok 已经超越谷歌和 Meta 成为最高访问量的站点。在喜爱短视频这一点上，其实海内外用户大致相同，同样是 2021 年 9 月，国内抖音的月活也突破了 6.7 亿，站在国内自媒体赛道的头部位置。

中国 UGC 产业并非局限于抖音，诸如快手、百度、微博、腾讯的视频号、B 站等，都在往自媒体视频赛道进发。而且，这些短视频、中视频的自媒体平台当前已经在探索流量变现的方式，除了广告，字节跳动携抖音和今日头条这些有着庞大用户流量的平台，切入电商领域，以内容带动在线销售，打造新的商品销售渠道。

我国自媒体产业很发达，自媒体内容也从过去的图文博客，发展为当前的中、短视频内容，而自媒体产业变现的主要途径是广告，2021年字节跳动营收580亿美元（按6.5汇率计算为3770亿元人民币，其中广告营收大约2500亿元人民币）。快手的2021年度营收也有811亿人民币。除此之外，知乎、B站、小红书、百度、微博、腾讯等自媒体平台也有着不错的收益。

从就业角度看，北京中研产业研究院公布的一份市场调研报告显示，2021年，中国自媒体行业全职人数达到370万人，兼职人数则超过了600万，而事实上自媒体上下游也存在大量新兴产业，比如自媒体运营的多频道网络（MCN），比如剪辑特效的专业从业人员，比如自媒体内容策划。从需求角度，自媒体已经占据了互联网网民大部分时间。根据2021年8月中国互联网络信息中心（CNNIC）发布的《中国互联网络发展状况统计报告》，2021年3月，短视频App的人均单日使用时长为125分钟，也就是说大多数用户每天花费2个小时来看短视频。

自媒体市场的火爆说明，自媒体俨然已经成为过去十年互联网产业中的核心商业模式，极大地丰富了中国人的精神生活，也给中国互联网企业出海提供了很好的思路，也客观上对Meta和谷歌这样的全球互联网巨头造成了很大的压力。更加重要的是，自媒体缔造了大量新兴就业，一定程度上缩小了贫富差距，为普通人打开了一扇财富之门。比如海外 TikTok 自媒体的创作者主要来自印度、印度尼西亚等发展中国家，而在中国，在 2020—2022 年新冠疫情期间，短视频自媒体成为很多人的重要收入来源。

但与行业火爆相对应的，当前国内政策对自媒体、短视频等行业的态度整体是以规范为主，而非激励。针对流量至上的自媒体、短视频行业存在的相关问题，国家在政策方面进行了规范引导：国家广电总局于 2021 年 10 月发布《广播电视和网络视听"十四五"发展规划》，推动内容价值链完善；2021 年 12 月广电下发 223 号文《关于加强互联网电视短视频业务管理的通知》；2020 年年底，广电总局下发《关于网络影视剧中微短剧内容审核有关问题的通知》。这些政策主要是从短视频的内容审核体系出发，完善短视频发布体系。

短视频内容规范还包括其他多个方面，比如 2021 年 1 月国家网信办推出《互联网用户公众账号信息服务管理规定》，2021 年 10 月市场监管总局发布《互联网平台落实主体责任指南（征求意见稿）》，这些文件都确定了自媒体平台对自媒体影视剪切侵权行为的管理责任。

对于自媒体领域的监管并不只是如此，还包括其他的政策性规范性引导，比如对互联网审美的引导，打击"饭圈"乱象，加强文娱从业者的税收管理，规范明星言行，打击劣迹艺人，平台反垄断，压实短视频平台主体责任等。

政策规范和行业蓬勃发展态势同时存在，而未来元宇宙也将从自媒体、短视频行业获得更多灵感，预期元宇宙形成的初期，依然是平台主导分配的模式，当前国外那种去中心化，完全由用户和社区主导的元宇宙 UGC 模式条件还不成熟，政策依然要求平台承担更多的管理责任，对用户创作内容的合规性进行把关，对不合格的内容产品采取坚决的剔除策略。这当然会牺牲掉一些内容模式，但是符合当前舆论大环境的现实办法。

未来在元宇宙中，平台将提供内容编辑器，鼓励用户用平台发布的编辑器来制作内容。用户制作完成内容之后提交给平台，由平台审核后赋予资产产权，可以通过 NFT 的方式；也可以是平台买断内容的版权，由平台来进行拍卖，这种方式对于内容创作来说效率较低，且很容易导致平台内容垄断，但在现阶段创作内容良莠不齐的情况下，UGC 产业必然要有所取舍。

中国 XR 产业

XR 是我国各方面支持力度最大的一个产业，当然这些支持也有产业背景。

其一，我国的电子消费品制造业非常发达，这种发达并不只是产业链完整那么简单，在智能手机方面，我国诞生了华为、小米、

OPPO、vivo 等手机品牌，它们大多采取全球化策略，在国外获得了非常广阔的市场份额。如果我们能够掌握移动互联网的终端入口，当然也可以掌握元宇宙时代的终端入口。所以，很多企业参与其中，比如字节跳动的 Pico，华为的 VR Glass，凌宇智控的 NOLO Sonic VR，乐相科技的大朋 VR，爱奇艺推出的 VR，HTC 的 Focus3 VR 和 VIVE Pro 等，除此之外，2022 年 6 月腾讯也成立了 XR 部门，OPPO、小米、Nreal、Rokid 等都在研发 XR 产品。我国电子消费品产业从在 20 世纪 PC 时代的追赶和陪跑，到智能手机时代的并驾齐驱，未来很有可能在 XR 时代领先全球，实现"弯道超车"。

其二，XR 的发展和政策鼓励方向大致一致。从 2019 年开始，政策面对数字经济从鼓励高速发展转向促进健康发展，政策基调发生了转变。诸如游戏产业、区块链技术、自媒体平台等或多或少因为规范化、法治化，发展速度有所减缓，未来发展不确定性有所增加。而 XR 很显然属于硬科技范畴，在"脱虚向实"的大背景下，XR 属于我国政策认同度较高的领域，未来将获得广泛的政策支持。

其三，XR 中有一些入门级产品的成功，降低了 XR 产业门槛。比如有一些并非 VR 头显的手机盒子，用户依然要装上手机来实现 VR 效果，在观看影视的时候可以获得略微提升的沉浸体验，这种产品是入门级，但也培育了一定的用户群体。再比如 AR 在手机上的应用，最有名的是《宝可梦 GO》，腾讯也推出了同类产品《一起来捉妖》。XR 的门槛是比较高的，但是这些入门产品的门槛并不高，适合一些初创团队，一边获取一些业务收入流水，一边持续地投入研发。

虽然各大企业热情满满，但我国 XR 产业也存在很多问题。IDC 数据显示，2021 年全球 VR/AR 头显出货量 1123 万台，而我国头部 VR 供应商 Pico 出货量仅仅 50 万台，占比不足 5%。Pico 还是我国 XR 领域消费级产品的佼佼者，其他厂商的出货量可想而知。除了销量，XR 行业还有其他问题，2020 年 11 月，暴风集团退市，VR 行业的浮躁曾让这个公司上市收获 34 个涨停板，而仅仅 5 年便跌入凡尘。

不仅如此，一个完善的 XR 硬件产品，也是有较高的技术门槛的。为了显示精细度更高，也为了产品轻量化、低功耗，XR 需要更加强大的显示芯片，而高端芯片一直是我国的短板，无论是生产 CPU 的英特尔、高通、AMD、苹果 M1、苹果 M2，还是生产显示芯片的英伟达、AMD，又或者是在高端芯片的材料、设计、制造等领域，我国现阶段都存在短板。不仅是芯片，一套完整的 XR 系统还需要完善的光学组件，需要底层操作系统的支持。

这就好像种地，国外 XR 产业可以从种子公司买种子，从化肥公司买化肥，而国内 XR 产业可能需要自己去育种，自己制作化肥，因为我们基础产业相对薄弱。

另外，XR 当前技术本身就不成熟，核心节点技术尚待突破。当年智能手机是如何替代传统手机的？有人将这些成功归功于乔布斯，但实际上智能手机占据市场的真正原因，是多点触控技术到达了一个关键节点。以前国内也有很多按压电容式触屏，比如现在踪迹难觅的"一人一本"，需要通过一支点读笔来操控，而多点触控的 iPhone 可以直接用手指，甚至是多根手指联动操控，触点准确度大大增强，抗误触碰干扰的能力也增强了，这才迎来了智能手机的节点。预期 XR 也是如此，当前很多技术尚不成熟，但一旦突破节点，就能够让用户获得很好的体验。而现在，我国 XR 产业的基础技术研发方面尚不成熟，很多关键技术都缺乏积累。

中国元宇宙

对中国元宇宙的建设，往往存在两极分化的争论，"看好"和"看衰"两拨观念争论不休。元宇宙并非新技术，而是过往技术的延续，是一种数字经济发展的趋势，不管怎么看，它都会到来。

当前国内国外对元宇宙存在一些理念上的分歧。诸如国外认为元宇宙应该是游戏产业的延伸，而国内想要让元宇宙结合实体经济尤其是制造业。诸如国外认为元宇宙应该建立在去中心化的区块链公链平台上，而国内认为元宇宙应该建立在中心化的区块链联盟链平台上。诸如国外认为元宇宙应该完全由用户和社区主导内容建设，国内认为元宇宙应该由平台来管控内容，内容需要经过审核。

最终的结果应该是取其精华去其糟粕，2022 年年中，随着比特币等虚拟货币价格的下跌，完全去中心化的世界货币信仰崩塌，所谓去中心化主导元宇宙建设的说法，也逐步成为空中楼阁。而我们可以在去中心化区块链的基础上，叠加一些权力制衡和权限赋予，建设一套适合我国基本国情的区块链系统，以此来作为元宇宙发展的基础设施，即联盟链平台。

除了联盟链平台，中国若是想要发展元宇宙，还存在几个绕不过去的坎：

其一，游戏产业的发展绕不过去。

当前国内一些专家在讨论元宇宙的时候喜欢打哑谜，会刻意回避游戏产业和元宇宙的关联。但要清楚地认识到，元宇宙既然要把消费者吸引到元宇宙之中，就要清晰地告诉消费者，元宇宙是什么？当前大部分元宇宙就是游戏，且是开放世界，或者沙盒游戏类型的网络游戏。当然，元宇宙未来会对制造业造成深刻影响，但我们不能缘木求鱼，在元宇宙产业还没有形成的时候，绕过基本的游戏产业直接进入制造业领域是不现实的。我国游戏产业是一个有基础的产业，在关注元宇宙的时候，一定会将我国的游戏产业考虑进去。

其二，自媒体平台的发展绕不过去。

同样地，我国有庞大的自媒体产业，很多从业者附着在自媒体产业的上下游，自媒体让文化产业空前繁荣。自媒体的确对传统媒体构成了挑战，但知识的获取在自媒体时代越来越便捷。未来元宇宙时代，用户创造内容是必然，有人在自媒体学烹饪，有人在自媒体学Python编程,有人学剪辑建模,有人学动画制作。更为重要的是,自媒体这种大众创造内容的模式,是未来元宇宙乃至互联网发展的主流模式。

其三,芯片和系统的发展绕不过去。

芯片代表算力,无论是XR还是智能手机,都是顶级算力的需求者,美国对华为的芯片制裁给华为造成了很大影响,但也为中国电子制造业敲响了警钟,我们的电子代工红利是否已经到头?我们是否需要考虑高端产业的发展?

系统代表生态,元宇宙是一个综合的应用生态环境,无论是元宇宙中的数字资产,还是元宇宙对实体经济的改变和推动,都不是单一应用软件可以承载的,所以元宇宙本身应该是一个高兼容性的操作系统。

其四,高性能通信网络和云计算绕不过去。

这方面国内基础较好,我国拥有强大的通信产业,通信企业技术专利也在全球排名前列。但要适时考虑通过推进天基互联网等新一代通信技术的建设的方式,来优化通信网络结构。

其五,建章立制绕不过去。

元宇宙必然是需要规则的,元宇宙对于现实社会的影响越来越大,如果不加以规制,很多问题会向现实世界溢出。要针对元宇宙制定规则,笔者认为可以采取两级架构:国家监管平台,平台监管玩家。区块链技术也可以通过联盟链区块链平台的方式来推进应用。

当然这是一种折中的方式,在元宇宙成熟之后,完善的架构应该更加扁平化,玩家可以通过社区来管理元宇宙,从而摆脱平台监管,也防止平台垄断。

综上,元宇宙的形成需要多个层面推进,当前首要的,就是要有一个完善的架构,当前各家元宇宙企业都是从自身企业出发,Meta 主推它的 VR,罗布乐思主推它的游戏,还有很多人在推动虚拟货币和 NFT。所有的企业都有自己的目标,并将自己擅长的领域说成是元宇宙的主流。但实际上元宇宙应该是这些领域的总和,而不是其中某个元素。

元宇宙中的传统产业

元宇宙最大的特点就是能够改变现实,而对于传统产业来说,元宇宙能够以全新姿态促进传统产业的转型升级,利用没有距离的特点,让用户更加便捷地采购到需要的食物商品,在元宇宙时代,实际上传统产业的转型态势和移动互联网时代有些类似,不同的是,元宇宙时代的技术更加深入,用户体验更加真实,精准度更高。

农业元宇宙

农业元宇宙将分几个层面展开：

第一层是元宇宙将改变农业销售渠道。以数据定位客户，以 AI 冷链来改造生鲜配送系统，通过从田间到餐桌的无缝衔接，各类预制菜通过智能冷链物流配送系统，送达用户手中。一方面我们可以通过元宇宙的售卖系统，通过数字孪生、生产日期标记，来了解菜品的新鲜程度，通过区块链技术对生鲜产品开展保质期管理，用户可以直观看到菜品的新鲜度。另一方面可以通过元宇宙的物流数字孪生，同步观测到菜品运输的路径，看到蔬菜到达的具体方位。

第二层是元宇宙将改变农业生产模式。农产品的生产将不再需要农民去田间地头盯着，农民从面朝黄土背朝天的农业生产模式中解脱出来，只需要观测自己的农田状况。通过数字孪生，种植、养殖场遍布传感器，数字孪生技术将土壤、湿度、温度等情况传导到元宇宙相关平台，农民通过视频监控对植被形态进行监测。当遇到病虫害的时候，农民将病虫害数据上传数据库，立马能够找到具体的病虫害种类，工厂通过人工智能的判断定制生产配方农药，通过自动化供应链将其配送到田间，在病虫害发生的萌芽期解决问题。甚至由于自动化水平的提升，很多家庭会在家中开辟空间种植农作物，和邻居之间进行农产品交易，就像玩家在游戏中那样。

第三层是元宇宙将改变农业相关产业。比如保险，农业风险发生概率和气候变化息息相关,通过数字孪生技术,保险公司可以从环境数据中预测未来一年甚至数年的气候状况。当然,农民也会得到气象预测的数据,需要注意的是,我国的气候是非常复杂的,气候预测很难精确到具体地块,所以此时农民和保险公司的博弈还是存在的,如果是确定性的气候预测,那就没有保险的必要了。

从综上三层来看,元宇宙时代农业的变化会很大,智能化、精细化、生态化是未来农业的三大趋势,而元宇宙的主要作用是通过数字孪生在元宇宙中复刻一个农场,从而让农民的耕作摆脱单调,摆脱风吹日晒,摆脱面朝黄土背朝天的状态。在元宇宙时代,分布式农业的新生产方式也将出现,在当下的荷兰,这种分布式农业雏形被叫作庭院农业,在很小的面积就能产出大量的蔬菜瓜果,我国农户数量众多,不适合美国那种农田兼并后的大规模精细化,倒是适合分布式农业,各家利用富余空间,采取种植箱的方式对农作物进行管理。

工业元宇宙

工业元宇宙的核心是数字孪生和协同工作。数字孪生就是在设计、生产、质检、物流等环节缔造一个数字空间的虚拟生产链,工程师可以对生产全流程进行观测、监测,如果出现设备故障,出现了产品残次品,通过虚拟生产链可以很快找到问题,并着手排除。

数字孪生可以让工程师节省时间，当全自动的生产线出现故障和问题，工程师可以直达病灶，解决问题。而在工业元宇宙深入发展之后，节点维修也可以由人工智能来完成，或者工程师通过操控VR设备对远程故障节点进行遥控维修。远程遥控维修和AI维修能够大大提升维修工程师工作的安全性，也能够优化工程师工作的体验，甚至实现居家办公。

在数字孪生领域，工业元宇宙最为出彩的其实是设计方面。利用MR眼镜以3D立体的方式直接制作3D的工业设计模型，这对于工业品建模和图纸设计来说，都是革命性进步。我们不再需要大量的数学符号去抽象地表示一个产品的参数，不用再计算各种角动量，AI系统可以让产品设计形态直接成型，并对设计形态进行特征总结。如果3D打印机技术再完备一点，这种利用MR眼镜手工建模形成的产品，可以通过3D打印增材制作技术生产出实物产品，实物产品还会具备很高的细节还原度，这也让很多设计创意得以实现，比如会在一个产品内放置一些彩蛋，等待消费者去发现。

工业元宇宙的另一个切入点是协同工作。协同工作也分三个层面：

其一是协同办公。当前已经有很多在线协同办公的应用，但无论是语音、视频还是多人在线视频等在线协同办公模式，实际上其体验并不能达到预期效果，很多在疫情期间实现居家办公的互联网企业，纷纷要求员工返回公司，因为这些公司的人力资源部发现居家办公实际上让公司的效率大幅度下降。人类协作是一个复杂的过程，面对面的沟通不只是语言文字的交流，也有肢体的交流，比如谈一个产品设计的更改，就可以直接面对面比画一下。视频的局限性决定了其并不能表达出所有的工作内容。

其二是工作组织方式的变革。在元宇宙时代，组织合作方式不仅仅是企业，用户会临时地组建其协作组织，这些组织可以根据个人的能力特点进行专属匹配，完成项目之后就地解散，经济报酬通过智能合约赋予每个个体。

其三是工作协作方式的变革。重复性问题由人工智能来解决，元宇宙时代的工作协作需要解决的是一些创意性问题，每个人都需要在某个领域具备一定的专业能力。比如制造一个产品，项目组织者会设计产品的模型，并将产品功能在元宇宙中展现，继而为了实现各个功能，将产品分拆成几个模组，不同的模组由不同的用户利用自己的专业能力来完成，最后像积木一样将这些模组组合起来，形成一个性化的商品。在这种生产模式下，生产是按照模组生产的方式进行，而模组和模组之间需要保留标准接口来实现部件的衔接。这就需要在制造上实现两点：其一是精准制造，接口要标准，要能够自由组合。其二是柔性制造，也就是能够实现模组的灵活定制。

也许没有元宇宙，智造的时代也会到来，但元宇宙在智造的基础上，添加了人类组织生产模式的革新，这才是最关键的。原始社会以部落为核心，农业社会以封建王朝为核心，工业社会以企业为核心，数字社会将以互联网为核心，形成新的生产组织方式，原来的企业核心组织模式将会被颠覆。

商业元宇宙

元宇宙商业是人们最早想到的元宇宙应用，当沙盒游戏中耸立起一座座的虚拟建筑，很多人就在考虑是否可以将这些建筑作为一个个大卖场并给这些虚拟建筑配备功能性，比如在这些虚拟建筑中摆上虚拟商品，然后用虚拟商品对应线下实物，消费者在虚拟世界选择商品到购物车，买下产品后物流将其配送到家。

商业元宇宙可以分为销售系统、物流系统和第三空间。

商业元宇宙销售系统主要通过企业定制化虚拟空间来实现。元宇宙的线上商城是品牌线下专卖店的数字仿真复刻，当然，可以比线下门店更加宽敞。门店会采取多种引流方式：品牌商会通过商品展览会的方式来展览商品，这种方式比较传统；品牌商还会发布一些任务，促使玩家去观看企业宣传片，来了解产品；聘请明星来品牌门店开演唱会，也可能是提供一些有趣的游戏内容，吸引玩家参与。

虚拟人的 NPC 和玩家组成销售服务团队，加强和消费者的互动，提高消费者的购买欲望，同时引导用户在元宇宙中对产品进行试用。NPC 的智能水平来自聊天机器人，智能化的 NPC 会根据用户授权提取用户数据进行分析，向用户推荐商品，继而挖掘用户的潜在需求。

第七章　备战 or 拥抱，一个全新时代

在元宇宙时代，由于商品是定制化的，用户订阅商品推荐有利于获得个性化商品，所以授权商品推荐行为的用户会增加。而在定制好商品之后，用户可以在元宇宙进行试用，比如一件衣物，玩家可以用虚拟形象试穿，也可以用自己在元宇宙的影像来试穿，利用试衣镜来了解商品的匹配度。

总体上，元宇宙中的销售系统，是可以真实体验的、精准定制化的、以用户为核心的销售系统。其有噱头，比如用内容来吸引流量；但也有真实性，比如将产品的细节融合到虚拟展示品上，让用户看到产品真实的状态。

商业元宇宙物流系统在消费者完成支付后启动。标准品就近发货，可以在本地前置仓直接配送给用户。定制品物流需要衔接生产，分散定制的产品模组在特定物流节点集合，完成组装，然后配送给用户。整个物流流程都会在消费者界面实时显示。最后由无人机、无人配送车等设施完成配送的"最后一公里"。商品的配送过程将通过区块链进行衔接，对商品的流动实施监控，防止商品被盗和中途调包。

第三空间的概念来自星巴克，是指除了家庭和工作场所的第三空间，指在生活和工作之间找到平衡。元宇宙的商业实体也有第三空间的作用，购物并非只是单纯的人与商品产生关系，也是人与人之间的互动，近几年随着零售领域社交电商的兴起，意见领袖（KOL）对于消费者消费偏好有重要的引导作用。实际上购物逛街一直都是一种社交方式，而元宇宙时代的购物空间也将是社交空间。

元宇宙的商业社交空间也分两种。一种是消费者居家戴上 VR 装备，和朋友在线购物，体验元宇宙中的商业体、购物节。就像游戏中组团打怪下副本一样。另一种是消费者由 MR 装备引导去线下的购物中心，在线下利用 MR 来获得更多虚拟元素，而这些虚拟元素构成的 AR 游戏可以在陌生人之间建立连接，类似于《宝可梦 GO》通过抓小精灵的游戏，在线下将陌生人撮合起来。

综上，消费的本质是用户体验，包括商品体验和用户过程的体验，体验是商业模式最核心的部分，而元宇宙商业的核心就是改善当前互联网线上零售体验不佳的问题，通过虚拟元素和现实元素的融合，在线上和线下构建了不同于现在的用户消费体验，最终形成一套完善的未来商业体系。

服务业元宇宙

服务业的涵盖范围非常广泛，所以此处很难涵盖所有的服务业元宇宙。但我们可以将服务业划分为两类：

一类服务业是可以在线上实现的。比如教育产业，即便是需要线下手动实践的机械类教学，通过数字孪生，也可以在元宇宙中完成仿真模拟，当前很多行业都有对应的模拟游戏。再比如演艺行业，元宇宙线上的特效会比线下更好，沉浸感更强，最终可能会替代线下演唱会。我们也看到，在 Decentraland 这类虚拟地产上，有很多演艺明星购买了地块，这并非只是投机炒作地产的行为，而是演艺明星对于在线演艺场所的需求。

另一类服务业是只能在线下实现的。比如理发，比如水电维修。对此元宇宙能够提供两种解决方案：一种是对接和匹配，就近派单，让附近有专业能力的玩家来上门服务，这种方式可能并不需要元宇宙，但应该是未来本地服务的发展趋势。另一种是通过元宇宙来实现远程服务，比如利用水电维修机器人来维修家庭水电，在元宇宙的时代，数字孪生早已嵌入家庭智能家居当中，当发生问题的时候，数字孪生系统会迅速读取传感器数据，判断出水电问题发生的精准区域，由维修机器人维修，简单的问题由 AI 处理，复杂的问题由维修人员远程操控处理，配件或者备件往往存储于家庭的维修箱内，一旦缺货，物流系统会及时补足这些配件。

还有很多服务业将采用模块化的嵌入方式，比如金融业。元宇宙的金融业将是功能性的，金融行业将所有的金融功能组合成金融功能模块，把模块嵌入需要金融服务的场景，元宇宙的金融也许会和区块链技术深度融合，但也有中心化的金融服务，金融机构依然在元宇宙中广泛存在，但已不再是由网点建筑来承载业务，而是通过一个个嵌入模块来对用户进行服务。比如用户需要贷款购买元宇宙虚拟资产的时候，用户的智能顾问就会根据用户的需求做好融资规划，自动在后台对接相关金融机构的系统，给出几个融资选择。

这些选择里面必然包括节税的考虑，个人收入预期的考虑，宏观利率变动趋势的考虑。而用户可以在现实和元宇宙中，通过任意终端获取金融服务。

元宇宙对于健康服务业也将是一个很大的助推动力。任天堂的游戏有一个叫《健身环大冒险》的游戏，这是一款体感健身游戏，在新冠疫情期间一度成为爆款。而这款健身环游戏有一个特点，就是用户在健身过程中，可以通过手柄 Joy-Con 下部的红外感应摄像头来测量心跳。实际上在元宇宙时代，随着 VR 设备的普及，VR 叠加体感的游戏产品越来越多，这就使得一些简单的健康监测设备可以内嵌到体感器械当中。不仅如此，未来人们也可以将轻量级健康监测器械布置在家中，利用这些传感器，上传个人健康数值，通过这些数值来形成医疗领域的数字孪生，从而预测个人的健康状况。在当前医学发展水平下，很多疾病是可以预测的，比如某些基因的存在意味着某些肿瘤的风险增加，这样就可以针对性地预测个人的疾病风险，针对性地对特定部位进行持续性的关注。比如有些人有结节，但结节可能只是一个小的感染，也可能是某种肿瘤疾病的前兆症状，只有持续地影像监测看其是否变大，才能及时发现。当前对于实体肿瘤早期治疗的 5 年存活率几乎是 100%，而晚期的生存率就大幅度下降，如果可以通过数字孪生发现早期肿瘤病变，那么人类相当于战胜了肿瘤。所以健康服务业也将在元宇宙时代大放异彩。

在医疗领域也可以考虑利用元宇宙。达芬奇医疗机器人就是一种微创手术机器人，医生可以在机器上进行操作，机器人通过微小创口进入体内，进行微创手术。这个过程并不需要医生直接用肢体触碰患者，而是由医生本人在计算机前完成手术。那么未来可不可以通过元宇宙来连接一台手术呢？这当然是可行的，医生可以在家中利用元宇宙给患者做远程手术，当然，远程手术往往还受限于延时，也受限于手术时发生的紧急情况，但并非不可能。2020年出现的新冠疫情让一些手术被迫推迟，物理距离限制了手术进行，而元宇宙时代，通过远程手术可以对患者做应急处理。

综上，元宇宙对于服务业的影响是深远的。在元宇宙时代，物理距离对于服务业的限制越来越小。千百年来，人们的很多协作都是需要亲临现场，但在元宇宙时代，人们最终将通过互联网摆脱距离的阻隔，我们可以亲临现场处理问题，但也可以不去，人们有了新的选择权，这些选择权减少了花在路上的时间。

新兴产业的"星火燎原"

元宇宙的底层需要铺设很多新兴产业，以新兴产业为基础，元宇宙才能实现长期发展。就好像建房子要打地基一样，元宇宙也要打造一些产业基础。此处讨论的新兴产业就不再重复前面提到过的产业，比如 UGC 自媒体，比如游戏，比如 AI。此处提到的这些产业，具有极高的技术壁垒，它们不是元宇宙的技术元素，但却支撑元宇宙底层基础架构的形成，对元宇宙的产业发展至关重要。

游戏引擎赛道

元宇宙时代，游戏引擎将引领元宇宙的发展方向。从元宇宙底层架构看，元宇宙本身就是游戏的延伸，在元宇宙实现任何一个功能都离不开游戏引擎的加持。而从元宇宙形成的过程看，用户参与游戏内容创作可能意味着游戏引擎未来还要谋求操作简化。

从全球视角来看，游戏引擎的竞品还是非常多的，比如创造引擎（Creation Engine）、虚幻引擎（Unreal Engine）、尖叫引擎（Cry Engine）、起源引擎（Source Engine）、寒霜引擎（Frostbite Engine）、无尽引擎（IW Engine）、铁砧引擎（Anvil Engine）等。这些引擎大部分是游戏公司在开发游戏过程中形成的，由于有些 3A 游戏开发周期太长，需要开发的元素太多，漫长的游戏开发过程其实也是一个技术探索过程，最终这些游戏制作中使用的工具都集成到了一个技术平台上，打包对外输出就成为游戏引擎。游戏公司之间也常常通过游戏引擎的功能来相互"秀肌肉"，将游戏引擎作为自身技术实力的证明。有些技术实力雄厚的游戏制作公司甚至有两个以上引擎，比如育碧游戏就有雪滴花引擎（Snowdrop Engine）、

Anvil Engine、地球引擎（Dunia Engine）。

国内这几年游戏发展的侧重方向在手游，3A 作品比较少，所以国内游戏开发引擎一般是通用引擎，包括：unity、Unreal Engine、Cocos2d-x、RPG Maker 等。其中 Cocos2d-x 为唯一一款国产游戏开发引擎，由北京触控爱普科技有限公司开发，从股东结构可以看出，这是一家港资企业。在这四个引擎当中虚幻引擎只聚焦 3D 游戏。unity 功能覆盖比较全面，几乎支持所有类型的游戏。Cocos2d-x 主要是手游方面，想要延伸到 3D，但预期还有很长的路要走。RPG Maker 是一个低门槛引擎，制作者甚至不用写代码，直接通过素材搭配来完成游戏制作，属于简单的日式平面 RPG 游戏。这些游戏引擎分两派：一派是 3D 效果主导，一般用来制作大型游戏，比如虚幻引擎和 unity；另一派是游戏性主导，如 Cocos2d-x、RPG Maker。这几个引擎并非我国游戏引擎领域的全部，但十分有代表性。

我们先看 3D 效果主导的引擎。

Epic Games 的虚幻引擎的发展历史很有代表性，虚幻本身是为了《虚幻竞技场》游戏开发而形成的游戏引擎，最早版本要追溯到 1998 年。在 2000 年前后，3D 游戏引擎中有三款主流引擎，除了虚幻引擎，还有 Id Software 为了开发《雷神之锤》而制作的游戏引擎 Id tech，V 社为了开发《半条命》在 Id tech 基础上推出了起源引擎（Source Engine），而《半条命》的一款延伸的 MOD 模组游戏在中国可谓众所周知，那就是 CS（*Counter-Strike*，一款经典的 FPS 游戏，也是第一款 MOD 模组游戏）。

值得注意的一点是，Id tech 是 3D 游戏的鼻祖，其制作者约翰·卡马克（John Carmack）是个坚定的"开源软件"支持者。起源引擎和无尽引擎其实都是在 Id tech 开源的基础上制作的。但也因为开源，Id tech 后续技术投入不足，功能迭代越来越慢，继而在游戏引擎大战中逐步落寞。但 Id tech 制作者约翰·卡马克的故事还没有结束，这位"游戏引擎先驱"加入了 Oculus Rift 团队，Meta 之所以敢"all in"（全力）打元宇宙这张牌，和约翰·卡马克这位大神的加入不无关系。

Id tech 走下神坛之后，虚幻引擎的对手就变成了起源引擎，Epic 和 V 社本身也在多个维度对标，比如都有游戏平台，Epic 游戏商城对标 Steam，虚幻引擎对标起源引擎。但在国内，虚幻引擎在一众引擎竞争中脱颖而出，究其原因有以下几点：

其一，是游戏引擎创新的先驱。起源引擎属于整合引擎，而虚幻引擎从 1998 年就开始了，虽然晚于 Id tech，但也是独立开发的引擎系统。虚幻引擎的基础代码可靠性比较高，代码具备凝练、简洁、可迭代、可扩展性等特征。游戏引擎中一些当下的通用功能也是虚幻引擎首创，比如虚幻 2 就有粒子系统（特效工具）、摄像工具（过场动画工具）、骨骼动画工具（角色动画效果制作工具）、真实物理引擎（碰撞效果工具）等。工具链的完整可以让开发者直接在虚幻引擎中完成所有工作，而不需要大量软件分别制作然后导入游戏引擎整合。通过工具可视化和蓝图功能，虚幻引擎也减轻了美术和关卡设计的工作强度。

其二，超前迭代。虚幻引擎在游戏 3D 效果方面本身比较超前，各个版本都不是面向同时代的玩家硬件。高性能硬件的好处是能够让虚幻引擎游戏渲染效果拔群，缺点是游戏上线的时候往往因为玩家硬件跟不上而缺乏用户流量。但考虑到游戏制作本身需要一定周期，当游戏开发完成，摩尔定律也推动玩家群体进行了硬件迭代。当前虚幻 3 时代国内对虚幻引擎超前迭代的看法步入两极化，因为虚幻 3 引擎下的国产游戏出现了大量漏洞，服务器不稳定问题频发，有玩家认为这是虚幻 3 自身缺陷所导致的。不过笔者认为，这和虚幻 3 所处时代有关。在 10～20 年前，我国单机游戏处在低谷期，这是源于盗版横行。所以我国游戏开发在那个时代是以快捷网游为主，而网游用虚幻 3 会有几个问题：一是虚幻 3 本身面向单机和局域网游戏，大型多人在线网游需要制作方对服务器进行优化，这方面虚幻 3 的确存在短板。二是网游开发周期很短。3A 单机大作要开发 5 年以上，将各个方面都打磨得很精细，而网游是需要游戏内部氪金来回收利润，所以推出游戏的时候细节往往还没有完善，游戏方希望快速获得现金流来支持游戏后续开发，所以很多网游推出的时候其实是个半成品。

其三，免费。虚幻 4 可免费获得游戏本体，未来游戏收入的 5%将支付给 Epic，这对于很多开发者是有诱惑力的，开发成本后置使得小团队都敢于上虚幻引擎。

其四，来得早。2006年Epic在国内就开立分公司，2014年升级为全资子公司，一方面是为了分包工作，另一方面是为了推广虚幻引擎。这在中国游戏公司认知上做了早期的植入，先下手为强，实现了国内的用户培育。

综上，虚幻引擎在当前国内3D游戏开发中应用广泛，当然，也因为其蓝图开发方便、容易上手，又因为国内部分网游制作团队过于急躁地上线作品，的确出了一些粗制滥造的游戏作品，但这并不是游戏引擎本身的问题。

发展3D游戏引擎的门槛其实一点都不比芯片、系统低，3D游戏引擎非常依赖技术积累，随着大型游戏引擎工具链越来越丰富，国内游戏引擎企业想要通过1～2年超越的可能性越来越低。最好的办法还是静下心来制作3A游戏，尽管没有技术积累的游戏公司需要花费更长的时间，但技术就是这么一点一滴积累起来的，没有捷径可走。

3D游戏开发引擎并非只是为了游戏，在工业设计层面，游戏开发引擎也可以转化为工业设计能力。元宇宙时代，很多设计都会在元宇宙中完成，而这些设计必然需要完善的设计细节描述，而实际上我国当前工业设计软件也基本被国外企业垄断，很多技术是相通的，都是需要长时间打基础的。

unity比虚幻引擎普及度更高，根据华泰证券研报数据，2021年

unity 的市场份额为 49.48%，虚幻引擎的市场份额为 9.68%。为什么 unity 如此受欢迎？unity 虽然没有虚幻引擎那么好的 3D 效果，但是 unity 通用性好，扩展性更强。unity 可以制作 2D 游戏，虚幻引擎过于注重 3D 渲染，所以虚幻引擎往往很庞大，很复杂。unity 胜在全面，尤其是手游火爆的当下，很多手游是通过 unity 来实现的。

游戏领域一直存在一个讨论：游戏应该更加强调游戏性，还是渲染效果？"小孩子才讲选择，大人全都要。"实际上大多数玩家对于渲染效果和游戏性都有要求，但如果只能选择一样，玩家最终还是会选择游戏性。游戏主机领域有三个竞争对手，索尼的 PS、微软的 XBOX 和任天堂的 NS。索尼和微软不停地迭代设备性能，互相比拼 3A 游戏的数量和质量，但任天堂呢？Switch 是任天堂 2017 年 1 月发布的主机，到 2022 年年中，Switch 只是将 LCD 屏幕换成了 OLED，然后增加了无关痛痒的内部存储。也就是说，2022 年，任天堂依然在卖 5 年前的游戏主机。至 2022 年，任天堂 Switch 的性能已经全面落后，很多 3A 新作品已经无法运行，那么任天堂为什么不急于提高游戏性能？

因为追求不同，任天堂注重的是游戏性。游戏性其实就是游戏玩法，养成、挑战、解谜、收藏、战略等都是游戏玩法。索尼游戏制作人上田文人曾解释过游戏性的概念："引导玩家心情舒畅的游戏结构。"游戏设计根本的目标是要引人入胜，而引人入胜的关键是游戏核心玩法。画面效果当然也是游戏性的构成，但并非游戏性的核心。

回到 unity 和虚幻的比较问题,这几年游戏领域兴起的不只是 3A 大作,手游也是游戏领域的主角,2D 游戏中具有新玩法的游戏也在实现回归。

unity 在游戏类型和游戏平台上做到了几乎全覆盖,无论是手机游戏、PC 游戏、主机游戏还是 VR 游戏等,都可以通过 unity 来实现。unity 崛起的核心是因为其通用。在 2007 年苹果发布 iPhone 的时候,unity 是当时唯一一款兼容 iPhone 的游戏引擎,大量早期的 iPhone 游戏都是用 unity 开发,这奠定了 unity 在游戏开发者当中的认知度。

unity 只要写一套代码,就能设计跨平台游戏,而在 AR/VR 领域,unity 开发引擎也占据主导地位。跨平台特性使 unity 积累了大量开发者用户,也让 unity 在社区知识分享方面更为全面,游戏开发的入门者可以通过这些免费学习资料来解决开发中的问题,而对于游戏公司来说,这也使得 unity 程序员供应充足。

国产开源的 Cocos2d-x 游戏引擎也是一款从游戏性出发的引擎,国内前几年很多玩法见长的手游都是用 Cocos2d-x 开发的,比如:《我叫 MT Online》《捕鱼达人》《大掌门》《刀塔传奇》《放开那三国》《全民飞机大战》《欢乐斗地主》《开心消消乐》《保卫萝卜》《梦幻西游》《大话西游》《神武》《问道》《征途》《列王的纷争》《热血传奇》《传奇世界》《剑与家园》《乱世王者》《传奇霸业》等。

作为国产开源游戏引擎,Cocos2d-x 性能上表现已经非常优秀,美中不足的是，Cocos2d-x 还是不能完美支持 3D 游戏。虽然 Cocos2d 制作公司声称 v3.3 版本可以支持 3D，但现实中还很少有游戏公司愿意尝试用 Cocos2d-x 制作 3D 游戏。但 Cocos2d-x 的成功也揭示了游戏行业中，游戏性相对于渲染效果所体现出的优势。

渲染效果和游戏性各有千秋，未来国产游戏引擎最佳情况是两者兼顾，所以 unity 是国产引擎的学习对象，国产游戏引擎既要提高多平台兼容性，也要增强 3D 渲染效果。但除了游戏性，当前游戏引擎还有一个层面的发展趋势，那就是图形化、易用性。

虚幻引擎之所以成功，是因为其蓝图功能，在游戏制作的时候更加直观，减少了程序员很多工作量。很多游戏引擎已经摆脱了专业工具软件的束缚，程序员在制作游戏的时候，开始使用一种图形拖拽的游戏制作方式。

比如 RPG Maker。RPG Maker 的制作公司是日本的 Enterbrain，其自身是一家娱乐杂志公司，推出了很多漫画作品。在角色扮演 RPG 游戏中，日系 RPG 和欧美 RPG 有很大区别，日系 RPG 一般是由剧情推动的，并不需要复杂的过场动画，很多时候游戏内容是通过纸片人加上对话框的方式来实现。RPG Maker 这个游戏引擎甚至不能称之为引擎，它是一个简单的游戏编辑器，其内部有很多素材，只要将这些图形素材组合起来，通过简单的、图形化的游戏节点设计就可以完成一款 JRPG 游戏设计。

RPG Maker 符合近几年的一个趋势：低代码。低代码是一种可视化的应用开发方法，是指用较少的代码、较快的速度来交付应用程序，将程序员不想开发的代码做到自动化。低代码不仅仅是一种游戏开发走向，甚至其本身就是游戏。比如任天堂有一款游戏叫作《马里奥制造》，其卖点就是将游戏制作的权力赋予玩家，玩家可以随意设计马里奥关卡，可以邀请其他人来玩自己设计的关卡。在这些个人设计的马里奥关卡中，有人布置了各种陷阱，让玩家焦头烂额，有人则利用金币引导玩家通关。但不管是善意还是恶意，《马里奥制造》确实以低代码的方式实现了玩家间的社交。

还有一款叫作《游戏生成库》（*Game Builder Garage*）的游戏也受到玩家关注，这个游戏的玩法就是设计游戏，玩家通过在object框（对象框）中添加可视化的命令来设计游戏玩法，通过线条点击链接的方式，确定object框中命令的执行顺序。整个游戏并不需要书写任何代码，就可以在各种对象框之间建立联系，形成游戏命令运行流程。当下，很多家长为了不让孩子输在起跑线上，给孩子报各种编程入门班，但实际上未来的应用设计真的需要学习编程语言吗？我们正在迎来一个全新的低代码时代，程序员们已将游戏开发的程序代码进行了简化，按照这个趋势发展下去，未来大多数人都可以通过创意参与到游戏设计当中，而不必去学习复杂的语言，游戏设计可以通过低代码实现。

总结下来，游戏引擎发展有三个方向：其一是3D渲染效果，效果越好，玩家体验越真实，这是游戏引擎门槛最高的领域，是未来工业设计技术的基础。其二是游戏性，这也回归到了游戏的本源，游戏的核心应该是游戏玩法，是设计者创意。其三是低代码实现，越是直观的游戏开放方式，越能激发用户的创造力，这也是未来元宇宙 UGC 发展的主要实现方式。国产游戏引擎还在起步阶段，但随着我国游戏产业的发展，国产游戏引擎的积累逐渐增多，但在发展方向上，国产引擎应该在上述三个方向上做到极致，我们不必一定要在 3D 渲染效果方面做到极致，而是强调游戏引擎的多平台兼容性。而低代码可能为中国的游戏公司打开了一道门，为游戏公司开拓了一条实现游戏性的思路，这也是未来元宇宙实现 UGC 的关键途径。

芯片的"军备竞赛"

算力是元宇宙发展的瓶颈，很多科技巨头强调元宇宙的核心焦点是改善用户体验，但用户体验和算力水平之间存在等价交换，也就是说用户体验是算力堆出来的。PC 和智能手机迭代周期与摩尔定律下的芯片迭代周期基本同步。摩尔定律认为每隔 18～24 个月同样面积的芯片上的晶体管元器件数量将翻一倍。而过去 PC 和智能手机更换的周期刚好是 2～3 年。人类的尖端电子消费品一直在使用最尖端的芯片，比如智能手机。

对比成熟工艺芯片，高端芯片晶体管体积更小，同样面积的晶体管数量更多，计算速度更快，同时功耗更低，低功耗既延长了设备续航能力,又减少了发热量。另外,要让终端设备轻量化,只有两条路:一条就是推进摩尔定律,让芯片性能更强;另一条思路是外接算力,以堆算力的方式实现性能。20世纪90年代的VR设备在VR头盔背后往往接着一条线路,那个时代VR就是怼在脸上的显示屏,VR是通过线路外接主机来保障算力供应。当前,VR头显虽然不再需要那根"尾巴",但算力依然是其发展瓶颈,比如让VR保持高性能的同时,更加轻量化。有两种途径可以实现:

一条路径是CPU集成显卡。如苹果的M1、M2芯片,英特尔的Xe、UHD前缀的核显,AMD利用VEGA核心推出的核显芯片。但当前PC端英特尔和AMD的核显一直是"鸡肋",用户将核显作为一种过渡,因为核显的性能并不理想。而在诸多核显中表现较好的是苹果公司的产品,在显卡性能天梯图上,苹果公司的M1 Max芯片甚至可以对标英伟达的GTX 1050Ti独立显卡,2022年4月苹果公司发布的M1 Ultra在天梯上甚至超越了主流的GTX 3060Ti独立显卡。

但实际情况呢?用天梯图来比较各类显卡的性能并不客观,因为很少有人拿着M1 Ultra去玩大型游戏,两者在功能侧重方面存在很大差异,苹果M1系列芯片更多用于办公娱乐和生产工具。玩顶配PC游戏,还原游戏细节,实现高分辨率、低延迟,那必然还需要独立显卡。但苹果在核显领域至少带了个好头,在显示效果上苹果无论是色彩还是流畅度都达到了较高水平。所以集成显卡是VR高性能轻量化的一个解决方案。

另一条路径是堆叠 GPU。CPU 和 GPU 的设计理念并不相同，CPU 是用来计算复杂问题的，其内部有很多控制单元和缓存设计，逻辑运算的空间其实不大。而 GPU 是大量逻辑运算能力的堆叠，内部结构较为单一。这就好比我们制造飞机需要各个领域合适的人才，不仅仅是人数要求；而如果要搬运一张单子，就可以用人多来实现。所以 GPU 内部结构简单，功能单一，只负责运算，这使得 GPU 可以很好地通过并行计算堆高算力。

谷歌是在云端算力方面比较靠前的玩家，比如几年前谷歌就自行研发 TPU 芯片，以牺牲计算精度的方式来提升算力供给水平。而在 2019 年 3 月，谷歌发布游戏平台 Stadia，试图开启云游戏时代。需要说明的是，云游戏和我们国内的游戏云是不同的，金山云等游戏云是面向游戏公司，将游戏服务器租赁给游戏公司。而谷歌的云游戏，主要面向的是游戏玩家，在云游戏下，玩家不用追求高配置的电脑，只需用租用的谷歌服务器来玩游戏，谷歌就像网吧，玩家只是通过网线链接谷歌服务器，用谷歌服务器运行游戏。可惜的是，2019 年 11 月谷歌的 Stadia 上线，而到 2021 年 2 月，这项服务惨遭关闭。曲高和寡的背后，实际上是当前通信基建的性能还无法支撑云游戏，谷歌的 Stadia 想要通过流媒体技术，让消费者通过网页来玩大型游戏，但较高的延迟和较低的分辨率让游戏玩家无法实现预期体验。

综上，我们看到元宇宙时代的 XR 设备普遍需要更高的算力支持。

要实现这一点,要么通过轻量化,让 XR 头显终端具有足够先进的算力芯片,要么通过云算力来解决终端算力不足的问题,但云算力需要有通信带宽的支持,然而当前 5G 的无线基站响应速度依然不能满足该需求。

元宇宙在争论中突围

刘慈欣说:"在 IT 所营造的越来越舒适的安乐窝中,人们对太空渐渐失去了兴趣。相对于充满艰险的真实的太空探索,他们更愿意在 VR 中体验虚拟的太空。"[1]

周鸿祎说:"对于元宇宙,很多人看到的是机遇,但安全从业者却看到的是更多的风险。"

马斯克说:"我不认为 Web 3.0 是真实存在的。在目前看来,Web 3.0 更像是一个营销流行词,而不是什么现实。我只是想知道 10 年、20 年或 30 年后的未来会是什么样子。2051 年的未来似乎会很疯狂!"

马斯克也讽刺 Meta 以 VR 为核心的元宇宙理念,认为没有人愿

---

[1] 2018 年,刘慈欣在被授予克拉克想象力服务社会奖时的获奖感言。

意整天把屏幕绑在脸上。

反对元宇宙的观点还有很多，有代表性的观点主要包括以下方面：

其一，认为人类最终会沉浸元宇宙不能自拔。和游戏一样，很多人沉迷游戏当中，而元宇宙更加真实，更有沉浸感，最终会让人类乐不思蜀。

其二，认为元宇宙会带来更多问题，尤其是网络安全问题。

其三，认为当前人们讨论的元宇宙不是元宇宙该有的样子。科幻片说的就是未来吗？我们能够预测未来吗？很显然不能。

其四，认为元宇宙就是个概念炒作。元宇宙就是游戏，是一群游戏爱好者和"币圈"炒家之间碰撞出了思维火花生造的一个词语。这个词语没有任何意义，甚至连定义都是模糊的。

元宇宙不安全吗？

人类一直都是在不安全的环境中成长，其实最近几年，PC 电脑病毒虽然越来越多，但是我们遇到大范围传播的 PC 电脑病毒在减少。这说明网络安全的盾在不断进化。网络安全的盾并非只有杀毒软件，实际上这几年 PC 系统的安全提升主要来自操作系统。

关于元宇宙安全问题，核心在操作系统，涉及操作系统开源和闭源的问题。

在智能手机操作系统领域，苹果 iOS 和谷歌安卓是两个可以对比的系统，iOS 是闭源操作系统，安卓是开源操作系统。

从安全性上看，iOS 智能从 App Store 下载 App，不能从其他渠道，而 App Store 对于 App 都进行了安全验证，这种闭源的应用下载方式，使得 iOS 比安卓操作系统安全性更高。而安卓系统属于开源系统，虽然在国外安卓系统中谷歌提供了 GMS 的官方 App 下载渠道，国内安卓系统各个手机都推出了自己设计的应用商城，这些 App 下载也有验证。但安卓系统依然保留着第三方应用下载和安装的途径，用户可以通过下载 APK 后缀文件的方式自行安装 App，这些应用的安全风险是未知的，所以安卓手机的安全性偏弱。

元宇宙需要怎样的系统？笔者认为元宇宙需要开源系统，因为开源系统最大的好处就是兼容性强，比如安卓操作系统并不局限于智能手机领域，可以用在智能家电上，也可以用在智能汽车上。元宇宙是一个多终端的平台，所以不能局限在某种硬件上，不能局限于 VR、MR 等设备，也不能局限于智能手机，元宇宙应该实践"万物互联"，将尽可能多的物链接到元宇宙。

那么，开源系统如何保持安全？还是从应用获取渠道入手，这里有个比较好的机制，就是分布式测试员检测体系。比如对于安卓操作系统来说，如果有个 App 要上安卓系统，则应该由具备专业能力的安全测试员对其进行测试，这些安全测试员多供职于企业，未来越来越多的安全测试员会是个体经营，通过专业考试获得行业资格。而App开发者将向安全测试员支付费用,安全测试员通过安全性评测获得收入,同时也担负App应用安全的连带保证责任。如果出现安全问题,将对安全测试员进行连带处罚,或者承担连带赔偿。赔偿风险可以延伸到保险业。也许有一两个安全测试员会和不安全App开发者勾结造假,但若加上一个用户评价机制,让用户对App的使用进行评判,并采用用户奖励机制,造假风险会有所降低。如果用户发现了App的安全问题,并且是最早的评论者,那么其将获得App安全举报的奖励,当App因为安全问题赔付损失的时候,这位举报者能够获得一定比例的奖励。

以上对于安全系统采用的措施,只是笔者个人的一点思考,是否实用,还需要未来实践的检验。但这些想法并非独创,很多做法实际上依然可以应用在其他领域,比如资本市场监管。安全监管的核心,应该是让用户去发现问题,然后追踪那些问题的始作俑者,对始作俑者进行处罚,然后将罚款分配给有贡献的人和遭受损失的人。

很多人对于网络安全的认知局限在杀毒软件,而实际上当下大多数人很少在智能手机上安装杀毒软件,即便有杀毒软件,报警次数也大大减少。这是因为系统核心的安全性由其App库的安全性决定,不安全的不是系统,而是下载使用的软件。所以只要我们转换思路,管住应用软件,就可以杜绝大部分网络安全问题。当然,最终安全依然需要技术,需要加密技术、防火墙和分布式数据库等技术手段来保障安全。

加密虚拟货币可能存在泡沫,但加密技术没有泡沫,比特币的技术基础有两个:加密技术和区块链技术。我们过度强调了区块链技术而忽视了加密技术,而在未来,诸如比特币使用的非对称加密技术将广泛应用到网络安全防护当中。

防火墙依然承担着盾牌的角色,但中心化的防火墙技术可能也存在很多缺陷,比如难以抵挡有组织的大流量攻击,而未来在应对各类攻击的时候,分布式数据库可能成为一种新的应对方式。在分布式数据库中,某个服务器中可能有完整的数据副本,或者是数据副本的一部分,即便是数据短暂丢失,也可以通过其他服务器来找回,而外部攻击者攻克防火墙之后,很可能无法找到目标数据在服务器中的位置。

事实上,我们很少能够预测到各类网络的攻击,很多时候,科技总是先于安全到达彼岸,而网络安全技术一直在为互联网打补丁。元宇宙时代也必然会存在很多安全问题,但这些安全问题可以通过运行机制来减少其负外部性,并非不能应对,也不能因为安全问题就不发展,因噎废食不可取。

人类能否预测未来?

1959年,苏联拍了部科幻电影,叫作 *The Sky Calls*,虽然年代久远,但在这里面有一个镜头受到很多人的关注。因为这个 1959 年的电影镜头，在 2016 年成为现实。

在 1959 年的电影镜头里，一艘航天飞机从宇宙归来，缓缓降落在水上驳船平台上，而在 2016 年，SpaceX 的猎鹰 9 号火箭以同样姿态稳稳降落在海上驳船平台上。苏联电影和 SpaceX 的火箭回收可能仅仅是形似，但实际上很多前辈在科技产业上拥有很好的前瞻性。比如 1993 年钱学森就给邹家华副总理写了一封信，谈中国可以利用新能源汽车来实现"弯道超车"：

"我国汽车工业应跳过用汽油柴油阶段，直接进入减少环境污染的新能源阶段。今年我国汽车生产将达 65 万辆，到下个世纪 20 年代 30 年代估计将达 1000 万辆，保护环境将是十分重要问题。现在美国、日本、西欧都在组织各自技术力量攻高效蓄电池，计划开发出蓄电池汽车。

"在此形势下，我们决不应再等待，要立即制定蓄电池能源的汽车计划，迎头赶上，力争后来居上！

"这是有可能实现的。不久前广东中山市中标搞氢化物 – 镍蓄电池中试基地，说明我国氢化物 – 镍蓄电池汽车现在就可着手开发。而这种能源的小汽车一次充电的行程已远远大于铅蓄电池汽车一次充电的 100 公里，可达 250～300 公里，是可以进入实用的。外国也在同样阶段，并不比我们领先多少。

"更先进的蓄电池我们也有力量研制。例如哈尔滨工业大学就已有由王纪三教授任总经理的珠海益士文化学电源开发中心,他们正在研究汽车动力新电源。

"所以国家要组织力量,中国有能力跳过一个台阶,直接进入汽车的新时代!"[1]

时至今日,钱老的夙愿几乎已成现实。

人类不能精准地预测科技未来,但可以预测未来科技的大概方向,因为我们这个时代的创新更多来自标准工程。标准工程的特点是科技的小步快走,而不是一口吃成个胖子。当前,科技不再是一种随机的、观察自然现象得出的结论,而是在团队协作下循序渐进地突破。还是那句话:"如果我看得更远,那是因为我站在巨人的肩膀上。"如今的科技发展,不仅需要站在过去巨人的肩膀上,还要有一群巨人来撑起科技的天空。正是因为标准工程推进科学进步的方式更为普遍,所以大多数科学进步都有研究方向,而不是随机性的。如果科学是在规划中发展,那么预见未来也并非难事。

在科学领域,标准工程的小步快跑创新模式成为主流,而标准工程下的创新是可以通过规划来确定方向的,所以,人类社会当下的大多数创新都通过思想共识来驱动。比如可控核聚变技术,也就是小太阳,各国都在研究,但尚未成功,只是无限接近。没有成功过的可控核聚变,却有明确的实现路径,这就是这个时代的创新。

---

[1] 钱学森. 钱学森书信选(下卷)[M]. 北京:国防工业出版社,2008:670.

我们首先要达成"思想共识",认为可控核聚变可行,然后去推动其实现。

回到问题上来,人类可以预测科技吗?如果通过思想共识来推进某个科学技术和应用技术的发展,那么我们可以预测科技,路的尽头就是技术的实现。所以如果我们能就元宇宙达成思想共识,相信未来元宇宙是可以达到我们目标的。

元宇宙是"郁金香泡沫"吗?

是,也不是!虚拟加密货币有泡沫,元宇宙概念股有泡沫,数字藏品有泡沫,但元宇宙中的区块链技术、人工智能、云计算、5G、物联网、游戏等没有泡沫。泡沫是金融市场的,技术是全人类的。

再者,郁金香泡沫让郁金香成为荷兰的国花,2001年科网泡沫之后互联网进入web 2.0时代。泡沫的潮起潮落的确客观存在,最后有的也的确会一地鸡毛,但科技的泡沫往往还是能够留下一些痕迹。2001年科网泡沫破灭就是一个经典的故事,在此之前,阿里拿到了软银的投资,在此之后,南非报业入股了腾讯。在这场危机中,的确倒下了很多企业,但也站起了大量的巨头。大浪淘沙下,这些巨头迎来了20年的高速发展,已经成为这个社会不容忽视的重要力量。

那么,下一个20年呢?会不会有新的泡沫落地?会不会有新的财富机遇崛起?很显然是会的。在元宇宙时代,日薄西山的科技巨头纷纷给出自己对于元宇宙的理解,率先布局。为什么这些科技巨头如此热衷去追赶元宇宙、区块链"泡沫"的末班车?因为它们知道科技领域的下一个轮回随时开启。新事物颠覆旧事物是科技产业的铁律,上个时代的门户网站、IBM、诺基亚还"尸骨未寒",下一个时代新的进化轮回已经开启。互联网巨头可能并不知道未来最终哪种模式会胜出,不知道是游戏引擎企业"吃肉",还是自媒体平台被吹上风口。它们只知道,如果能够提前规划未来,那么这个未来很可能朝着自己有利的方向发展。

所以Meta一定会说元宇宙是用来社交,必须要用VR来改善,因为它就是社交网站。而微软首先想到的一定是办公,因为微软的办公软件是其安身立命之本。说到底,互联网巨头是想要缔造自己行业领域的升级形态,让自己在下一个时代仍然可以立于不败之地,不会被科技新人颠覆。

所以,笔者不担心泡沫,担心的是我们被泡沫甩在了科技的后面,当新一轮互联网红利崛起的时候,中国产业必须要在新一轮科技浪潮中发出声音,占据主动权。